幸福人生 猫相伴

张丹　编著

海豚出版社
DOLPHIN BOOKS
CICG 中国国际传播集团

出镜喵星人：张英子一家六口

（前排左起：张四宝、张大宝、张英子妈妈；后排左起：张二宝、张喜子爸爸、张三宝）

自序

PREFACE

唯一的疗愈

张　丹

谨以此书献给所有的喵星人和关爱喵星人的地球人

谨以此书献给所有的非人类动物和关爱非人类动物的人类动物

谨以此书献给世界动物日（10 月 4 日）

“悲惨人生有两个避难所：一是音乐，二是猫咪”出自哪位西贤笔下？坚信“猫是文明程度最奇妙的‘指示器’之一”的是哪国院士？谁有此一问：“还有比猫咪对我们的爱更美好的礼物吗？”谁以此为识人金标准：“当一个人爱猫，我就已然是他的朋友和伙伴”？哪位世界级文豪放言“我宁愿做一只喵喵叫的小猫”？哪位诺贝尔文学奖得主作家的名言被广为传颂：“每只猫咪都有魔法”“每只猫都是一只‘特别的猫’”？哪朝文学家为猫歌功颂德：“养得狸奴立战功，将军细柳有家风”“裹盐迎得小狸奴，尽护山房万卷书”（狸奴为猫之古昵称）？“在稿纸上踩印几朵小梅花”的猫儿主人是哪位人民艺术家？哪位国学大家深切缅怀已逝爱猫，“从此我简直像是失掉了一个好友，一个亲人……”？

答案是：史怀泽，弗雷德里克·维杜，狄更斯，马克·吐温，莎士比亚，多丽丝·莱辛，黄庭坚、陆游，老舍，季羡林。

多年来，因投身于动物保护公益事业，因在家中收养数十只流浪猫，我有了两个随岁月而来的“宝库”，一是古今中外各界名人关于动物尤其是关于猫的至理名言荟萃，二是身为张家喵星人御用摄影师所累积的数十万张猫照。前者多为诗人、作家、哲学家、思想家、教育家、评论家、艺术家、政治家、科学家、收藏家、兽医专家等“博雅君子”，其多因养猫、救猫、知猫、爱猫有感而发，留下如许肺腑之言，或温馨隽永，或振聋发聩，我常读常新，视为至宝；后者则是我日常生活的重要组成部分，与可爱可敬的小小美生灵们朝夕相处，时刻准备抄起手机、相机，抓拍其一个个精彩纷呈的生命瞬间，照片数量与日俱增。就这样，名人与喵星人相望于张家猫窝的电脑内外，直至致力于寻找最佳方式与众人分享感动与启迪的我决定“合二为一”，看看二者之间能够产生何等化学反应，于是便有了这样一本既是猫书又不止于猫书的书。

是的，你肯定在哪里读到过这些名言中的这一则或那几则，而本书则是一本前所未有的集锦之作。你所未见的是，一幅幅有故事的张家喵星人影像为这些名言注入了鲜活的生命力。翻开本书，左侧书页可阅文沉思，右侧书页可结合故事览图，六十只萌猫倾情演绎名家名言，堪称左右合璧。与张家喵星人相逢于此的古今名流定不会自认有失身份，相反，他们必将热切地步出左侧书页，不吝向右侧书页那些喵星人的代表敞开心扉与怀抱。

从小与动物尤其是喵星人结缘，2003 年开始救助与收养流浪猫，倏忽二十年已逝。先后登堂入室的近百只猫儿与狠心没带回家的数百只捕捉绝育疗伤后又放归原处的猫儿，他们潜移默化地在多大程度上改变了我的生活方式与生命轨迹？何止是猫咪在不远游，庶几可谓一切皆以其为中心矣。我只知，命中原本不多的福报岂敢随意挥洒乃至透支，夜卧不过五尺，任我支配的区区这一方生活空间永远与猫分享，故而放眼望去，小老虎们无处不在，“时时绕膝鸣，夜夜压衾睡”；我只知，让家内外、普天下的猫咪与其他所有动物都能被尊重与善待是我的无上愿景与天赋使命，虽不能至，然心向往之并竭尽一己所能。

癸卯年末甲辰年初加入张家的喵星人代表

据不完全统计，截至2022年底，中国城镇宠物数量持续保持增长态势，犬猫数量达11655万只，其中猫只数量达6536万只，同比增加12.6%，创下新高。与此同时，街猫即流浪猫的总数则多到难以统计，而相关的全球数据则至少数以亿计。“在漫漫人生路上，一只只猫咪走进我的生活，在或长或短的时光里与我相伴相惜，缘分天注定”（法国院士猫奴弗雷德里克·维杜语）。迄今为止，我为那些与我有过最深交集的喵星人写过《那些刻在我们心上的爪印》《我是Lucky99——治愈系萌猫自传》两本专著，其他几本拙作中其实也都直接间接地写到过这些坠入凡间的喵星人，而本书的付梓则可谓再偿夙愿。

衷心感谢著名生命伦理学家、联合国教科文组织“阿维森纳科学伦理学奖”获得者邱仁宗教授为本书作序。因篇幅所限，该序节选文字请见封底。

一如既往，衷心感谢亚洲动物基金（Animals Asia Foundation）创办人暨首席执行官Jill Robinson（谢罗便臣）、世界动物保护协会（World Animal Protection）科学家孙全辉、国际爱护动物基金会（International Fund for Animal Welfare)亚洲区总代表葛芮、英国皇家防止虐待动物协会(Royal Society for the Prevention of Cruelty to Animals)国际事务总监Paul Littlefair（李博）、美国国际人道对待动物协会(Humane Society International)中国事务负责人李坚强、世界农场动物福利协会(Compassion In World Farming）中国首席代表周尊国、世界爱犬联盟（World Dog Alliance）创办人玄陵联袂推荐此书并撰推荐语（见封底）。

衷心感谢我在《财富》(FORTUNE Magazine)杂志的前同事、美国著名科学记者David Stipp几经推敲，将英文书名建议为“The Happiness of Life with Cats”。

衷心感谢张家毛孩子们的慈爱姥姥以及不知疲倦的首席清洁官严洁女士。

最后，衷心感谢屡创赋能于人乃至救赎心灵奇迹的张家喵星人和所有动物朋友。

能以我这样一名墨海初航者的稚拙隶书(系根据东汉乙瑛碑集字所书)作为本书书名实乃幸事一桩。献身为猫镇纸侍书左右或以多般匪夷所思方式参与其中的猫书童们对此的贡献亦不可磨灭。

“世界正在发生巨变，此书提醒我们该以不同的方式行事了。若能真正‘善待’我们的动物近亲，未来也许尚可乐观。仁慈(Benevolence)是唯一的疗愈。”Jill Robinson的推荐语与一生爱猫的世纪老人冰心的“有了爱就有了一切”的著名论断如出一辙。

问世间“爱”为何物？己所不欲，勿施于人；人所不欲，勿施于它——同蓝天共碧草，众生灵与人同。宋代诗人胡寅《义猫行》一诗曰：“天地即我心，万物非异体。一日脱边幅，此外无别旨。”民国高僧印光法师呼吁“仁民爱物，慰天地之慈心……博爱普济，以实行一视同仁之大道也”，并最终做到“无忝所生，不为天地鬼神所鄙弃，不为一切物类所轻藐也”。我想，有了这样的人之为人的底线，有了对天地万物的敬畏与善意，这个世界就不会变得太糟。

“共生共荣”四字是我 2017 年从台湾佛光山请回的时年九十高龄的当代大德星云法师的墨宝。每一种动物都是一扇门，都向我们诉说着无尽的生命秘密，教会我们感受苍穹之下万千物类的神奇奥妙，带领我们迈向一个美丽新世界，更点亮心中的另一个自己。披荆斩棘、乘风破浪的猫儿们，你们与其他动物一起当之无愧地成为“人间温馨欢乐的种子，人类生命教育的良师”（星云法师语），你们一定要幸福啊！

万物可爱，未来可期。有了爱就有了一切，仁慈是唯一的疗愈。

甲辰年初春于京西猫书房

星云大师手书一笔字“共生共荣”

目录

CONTENTS

狸奴与古诗词

杰作与避难所 >

疗愈与小确幸 >

目 录

仁义与一世情

作家与缪斯猫

窗口与心扉

神明与九命

目录

伴侣与礼物

倒影与天堂

动物是人间温馨欢乐的种子，动物是人类生命教育的良师。

——星云大师

① 星云大师（1927—2022），十二岁于南京栖霞寺出家，临济宗第四十八代传人。1967 年创建佛光山。在世界各地创建数百所道场、美术馆、图书馆、出版社、书局、中华学校、佛教学院、大学等。著作等身，被译成二十余种文字传播世界各地。《星云大师全集》收录了星云大师一生目前所有的中文图书著作，是一部了解历史、文化、文学和佛学理论的百科全书，亦是佛教佛法的智库宝典。

狸 奴 与 古 诗 词

风卷江湖雨暗村，四山声作海涛翻。溪柴火软蛮毡暖，我与狸奴不出门。

——［宋］陆游[①]《十一月四日风雨大作二首·其一》

（请对比《十一月四日风雨大作二首·其二》：
僵卧孤村不自哀，尚思为国戍轮台。夜阑卧听风吹雨，铁马冰河入梦来。）

盐裹聘狸奴，常看戏座隅。时时醉薄荷，夜夜占氍毹。鼠穴功方列，鱼餐赏岂无。仍当立名字，唤作小於菟。

——［宋］陆游《赠猫三首·其一》

① 陆游（1125—1210），南宋文学家、史学家、爱国诗人。代表作有《剑南诗稿》《渭南文集》《老学庵笔记》等。创作诗歌今存九千多首，内容极为丰富。陆游也是历史上最著名的“猫奴”之一，有咏猫诗数十首为证。

出镜喵星人：Lucky99 张九九

一　威名崇鼠将，小字锡狸奴

鼠害苗，猫捕鼠，故字从苗然，则猫之功非大有益于人者耶！

——［宋］陆佃[①]

猫，乃小兽之猛者。初，中国无之，释氏因鼠啮佛经，唐三藏禅师从西方天竺国携归，不受中国之气。

——［宋］罗愿[②]《尔雅翼》

家狸。猫，苗、茅二音，其名自呼。《礼记》所谓迎猫，为其食田鼠也，亦通。

——［明］李时珍[③]《本草纲目・猫・释名》

猫，本狸属，故名狸奴……且有呼之为姑，呼之为兄，呼之为奴，又皆怜之喜之至也。

——［清］黄汉[④]《猫苑》

种类生天竺，谁云乞未须？威名崇鼠将，小字锡狸奴……鱼投穿细柳，盐聘裹香菰。

——［清］姚燮[⑤]《猫六十韵》

---

① 陆佃（1042—1102），诗人陆游祖父，有《宋史本传》传于世。

② 罗愿，宋代官员，有政绩，精博物之学，长于考证。

③ 李时珍（1518—1593），明代医药学家，被尊为“药圣”。

④ 黄汉，清道光、咸丰年间永嘉人，博雅君子，喜猫爱猫。《猫苑》广收中国历代有关猫咪的典故、寓言及传说。古时“奴”表喜爱亲昵之意。

⑤ 姚燮，晚清文学家、画家。

出镜喵星人：张冬妮娅

冬妮娅是张家猫娃中为数不多的来历不明者，也是自己送上门来的第一只猫。2007 年一个寒冬之晨，清洁工小孙按响了门铃，一开门，他指着门后犄角里一只缩成一团的小脏猫说："你家的猫跑出来了吧？"于是乎，这只天上掉下来的猫儿登堂入室成了张家的孩子冬妮娅。无独有偶，二十世纪美国最有影响力的诗人与小说家之一查尔斯·布考斯基如此描写他家"添丁进口"的情形："流浪猫不断前来：如今我们有五只猫了……""现在我们一共有了九只猫，那些流浪的小家伙前来叩门，我们无法拒绝它们。我们必须得打住了……"这样的话我几乎每天都对自己说，而事实证明纯属"无志之人常立志"……几年后全楼整修，楼门家门大开，一日冬妮娅不慎走失，急煞我也！日夜下楼苦寻不止。皇天不负有心人，在"剪刀大法"（恕无法于此详述该法实施细则）的辅助下，终在冬妮娅走失的第十一天即 2010 年 12 月 24 日平安夜喜极而泣抱得猫儿归！如今，按猫寿折算已届古稀的冬妮娅老当益壮，依然是我最贴身的几件"小棉袄"之一。

二　溪柴火软蛮毡暖，我与狸奴不出门

裹盐迎得小狸奴，尽护山房万卷书。惭愧家贫策勋薄，寒无毡坐食无鱼。

——［宋］陆游《赠猫三首·其二》

似虎能缘木，如驹不伏辕。但知空鼠穴，无意为鱼餐。薄荷时时醉，氍毹夜夜温。前生旧童子，伴我老山村。

——［宋］陆游《得猫於近村以雪儿名之戏为作诗》

听雨蒙僧衲，挑灯拥地炉。勿生孤寂念，道伴大狸奴。

——［宋］陆游《独酌罢夜坐》

我老苦寂寥，谁与娱晨暮？狸奴共茵席，鹿麑随杖屦。岁薄食无余，恨使鸟雀去。安得粟满囷，作粥馈行路！

——［宋］陆游《冬日斋中即事》

穀贱窥篱无狗盗，夜长暖足有狸奴。

——［宋］陆游《岁未尽前数日偶题长句》

偶尔作官羞问马，颓然对客但称猫。

——［宋］陆游《初归杂咏》

出镜喵星人：张大宝（左）、张二宝（右）

大宝与二宝是两个乖得不能再乖的亲兄弟，其合影不止一次出现盖因他俩绝大多数时间都活动于我的眼前。与大宝最亲密、最懂事的二宝每天都为双手双臂残疾的大宝哥哥认真负责地长时间洗脸、舔毛，我则为大宝做全身按摩，抱大宝进食与如厕。如此一来，记录他们的珍贵瞬间于我再方便与自然不过。照片多且佳，以至于当我从数十万张猫儿照片中为本书选片时，常不由自主地偏心选中他俩的合影。大宝的双眸右蓝左金，二宝右金左蓝，纯真无瑕，他们美而不自知、不自傲，让人由衷感叹造化钟神秀、美瞳出双宝。早在唐代笔记小说集《酉阳杂俎》中便有关于猫咪异瞳的记载："猫有目睛二色，名日月眼"，今称"鸳鸯眼"。这正是：日月两轮天地眼，鸳鸯一对金海睛（前一句引自宋代大儒朱熹语）。

三　养得狸奴立战功，将军细柳有家风

狸处堂而众鼠散。

——［战国］吕不韦[①]及其门客《吕氏春秋》（“狸”即指猫也，与《韩非子》等书所载同。）

养得狸奴立战功，将军细柳有家风。一箪未厌鱼餐薄，四壁当令鼠穴空。

——［宋］黄庭坚[②]《谢周文之送猫儿》

陋室偏遭黠鼠欺，狸奴虽小策勋奇。扼喉莫讶无遗力，应记当年骨醉时。

——［宋］罗大经[③]《猫捕鼠》

吾家老乌圆，斑斑异今古。抱负颇自奇，不尚威与武。坐卧青毡旁，优游度寒暑。岂无尺寸功？卫我书籍圃。

——［元］王冕[④]《画猫图》

生平威力才如此，莫遣君家鼠辈闻。

——［明］倪岳[⑤]《四时猫四首・其三》

---

① 吕不韦（前292—前235），秦国丞相。

② 黄庭坚（1045—1105），北宋文学家、书法家，为江西诗派开山之祖。生前与苏轼齐名，世称“苏黄”。书法亦独树一格，为“宋四家”之一。

③ 罗大经（1196—1252），南宋文学评论家，诗人。

④ 王冕（1287—1359），元朝画家、诗人。

⑤ 倪岳（1444—1501），明代大臣。

出镜喵星人：（左起）张铃铛、张春分

别看铃铛来自地地道道的“地狱”（获救前已在地下室二层夹缝里呼救至嗓哑），却很快成长为一只喵声最嘹亮的歌唱家，不时驻足高歌自创的“喵长调”一曲：“我们喵星人啊，来自那遥远的喵星球哟，为拯救地球人而降临凡间哪……”旋律悠长舒缓，意境开阔古远。刚获救时他只有两三个月大，戴上一个红铃铛项圈煞是可爱，于是便得名“小铃铛”。张家猫窝自然没有半只鼠辈，以迅雷不及掩耳盗铃之势（编注：喵星人语）活捉苍蝇、蚊子之类的飞虫便是小老虎铃铛的拿手好戏。让我同时落泪与微笑的是，写作此段文字时（2022 年 3 月 19 日深夜），十三岁的老铃铛已于日前无疾而终……不可思议的是，安葬完铃铛的当夜，住在同楼最高一层的陌生邻居敲门送来一只他们以为是不慎跑出门的张家猫儿。只见此猫虽骨瘦、毛柴、色暗，却从容不迫宾至如归，整夜逐屋溜达并“喵喵”叫个不停，似在向家中众猫隆重宣告其大驾光临，其喜洋洋者矣。正值农历二月十八，故名之曰“春分”。是日也，春和景明，万物更新。

四 一鸣四壁鼠穴空，晚入重楼护赐书

穿鱼新聘一衔蝉，人说狸花最直钱。旧日畜来多不捕，于今得此始安眠。牡丹影里嬉成画，薄荷香中醉欲颠。却是能知春信息，有声堪恨复堪怜。

——［宋］陈郁[①]《得狸奴》

自有五白猫，鼠不侵我书。今朝五白死，祭与饭与鱼。

——［宋］梅尧臣[②]《祭猫》

觅得狸儿太有情，乌蝉一点抱唇生。牡丹架暖眠春昼，薄荷香浓醉晓晴。分唾掌中频洗面，引儿窗下自呼名。溪鱼不惜朝朝买，赢得书斋夜太平。

——［元］唐珙[③]《猫》

仙猫声在洞中闻，凭仗儿童一问君。同向燕家舐丹灶，不随鸡犬上青云。

——［元］元好问[④]

横天剑气夜光闾，晚入重楼护赐书。赢得花阴闲白昼，敢论终岁食无鱼。

——［明］庞尚鹏[⑤]《猫卧花下石山》

---

① 陈郁（1184—1275），南宋诗人。

② 梅尧臣（1002—1060），北宋现实主义诗人，被誉为宋诗“开山祖师”。与苏舜钦齐名，时号“苏梅”，与欧阳修为挚友，同为宋诗革新推动者。

③ 唐珙，元末明初诗人。

④ 元好问（1190—1257），金末至大蒙古国时期文学家、历史学家。

⑤ 庞尚鹏（1524—1580），明朝官员。

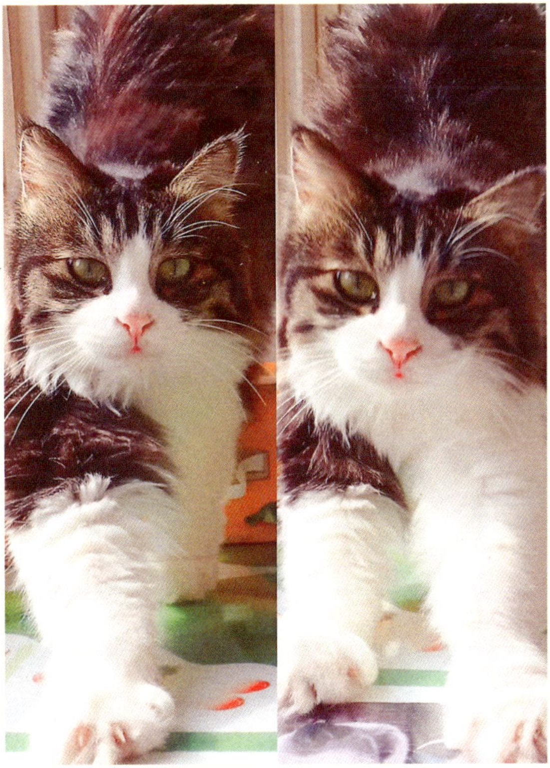

出镜喵星人：张国庆

“人行千里，猫走万米，都冒着刀架脖子的危险；唯有猫，从屋顶或墙头摔落时，能站稳脚跟，竖起尾巴，昂首阔步！”由我们的张国庆同学来演绎英国诗人托马斯·弗拉特曼对猫的赞美再合适不过。想当初那个国庆节，弟弟一家三口来京探亲，午饭后我们路经一片灌木丛，发现那里蜷着一只高烧中的小病猫，抱回家治愈后顺理成章地为之取名为“国庆”。国庆其后十四年的猫生都活得敞亮轩昂，酷爱像一名喵将军似的定期巡视全家各屋，好不威风。

五　闲折海榴过翠径，雪猫戏扑风花影

闲折海榴过翠径，雪猫戏扑风花影。

——［宋］秦观[①]《蝶恋花·紫燕双飞深院静》

玉雪娟娟好羽衣，小山花竹正晴晖。翻盆倒瓮无心问，闲看东风蛱蝶飞。

——［明］倪岳《四时猫四首·其一》

莺雏金镟系，猫子彩丝牵。拥鹤归晴岛，驱鹅入暖泉。

——［唐］路德延[②]《小儿诗》

碧眼乌图食有鱼，仰看胡蝶坐阶除。春风漾漾吹花影，一任东郊鼠化鴽。

——［明］刘基[③]《题画猫》

弥月狸奴堪玩，新池鱼婢应忙。时时偷窥水中央，躲在蔷薇架上。卧似绿茵滞雪，蹁疑锦幔飞霜。穿林似兔忒轻狂，扑著虫儿谁让。

——［明末清初］朱中楣[④]《西江月·咏小白猫》

① 秦观（1049—1100），北宋词人，被尊为婉约派一代词宗，“苏门四学士”之一。

② 路德延，生卒年不详，唐代诗人。

③ 刘基（1311—1375），字伯温，元末明初军事家、政治家、文学家，明朝开国元勋。

④ 朱中楣（1622—1672），明朝女诗人。

出镜喵星人：张汤圆（左）、张花椒（右）

“雪猫”汤圆是继小二黑之后我送给自己的又一件生日礼物，从流浪动物救助“战友”处领养而来；花椒则是我的大学同窗好友马欣来猝然长逝后遗留给我的十七只老弱病残猫之一。猫与花和猫与月一样是绝妙无垠的主题，“花下狸奴”“花间狸奴”留下了它们与花儿密不可分的倩影与诗意，引得历代诗人们诗兴大发。据我观察，猫儿对花儿的主要动作有嗅、摸、蹭、舔、咬、拽，由“花痴”而“花吃”，故常因所吃花草过多而吐出腹内的毛团等异物。花与猫相映成趣，小确幸、小美好纷至沓来。

六　室有相乳猫，庭有同心兰

室有相乳猫，庭有同心兰。推梨更逊枣，左右儿曹欢。

——［宋］辛弃疾[①]《周氏敬荣堂诗》

大武尾裔名季狸，目如点漆肤凝脂。江夏无双字子羽，九月授衣先著絮。

——［宋］杨万里[②]《寄朱元晦长句，以牛尾狸、黄雀冬猫笋伴书》

暄风暖景政春迟，开尽好花人未知。轮与狸奴得春色，牡丹香里弄双儿。

——［宋］杨万里《子上持豫章画扇，其上牡丹三株，黄白相间盛》

服役无人自炷香，狸奴乃肯伴禅房。书眠共藉床敷暖，夜坐同闻漏鼓长。贾勇遂能空鼠穴，策勋何止履胡肠。鱼餐虽薄真无媿，不向花间捕蝶忙。

——［宋］陆游《鼠屡败吾书偶得狸奴捕杀无虚日群鼠几空为赋》

① 辛弃疾（1140—1207），南宋豪放派词人，人称“词中之龙”，与苏轼合称“苏辛”，与李清照并称“济南二安”。词风激昂豪迈，风流豪放，代表着南宋豪放词的最高成就。现存词六百多首，有词集《稼轩长短句》传世。

② 杨万里（1127—1206），南宋爱国诗人，在中国文学史上与陆游、范成大、尤袤并称“南宋四家”“中兴四大诗人”。

出镜喵星人：霸王花小妈妈与她的三个孩子

从一个小超市的黑仓库里抢救回来劫后余生的一家四口：猫妈妈霸王花和她的三只幼崽——团团、圆圆、芳芳。霸王花这个自己尚不足一岁的小妈妈日夜哺育孩子们达数月之久，忽染沉疴而去。其实，她生命最后的时光都是在与疾病的斗争中度过的，但她硬是燃烧自己，生命不息，哺乳不止，把她的三个宝贝喂得又白又胖。我想，她走得是放心和安心的，因为孩子们有了永远的安全的家，再不用躲避某些人类与严酷自然的伤害，她会在喵星球上用关爱的目光注视和祝福着地球上她最爱的孩子们。

七　为鼠迎猫，为豕迎虎

古之君子，使之必报之。迎猫，为其食田鼠也；迎虎，为其食田豕也，迎而祭之也。

——［汉］《礼记·郊特牲》（编者戴圣[①]）

有熊有罴，有猫有虎。

——［先秦］《诗经·大雅·韩奕》

白泽形容玉兔毛，纷纷鼠辈命难逃。后村诗与涪翁咏，未及崔公一议高。

——［宋］宋孝宗[②]《题刁光胤画册·蜂蝶戏猫图》

狸身而虎面，柔毛而利齿。

——［明］李时珍《本草纲目》

堂上新生虎面狸，千金许我不应移。家寒故是无偷鼠，要见翻身上树时。

——［宋］释智愚[③]《求猫子》

---

① 戴圣，西汉官员、学者。

② 宋孝宗（1127—1194），宋太祖赵匡胤七世孙、宋高宗赵构养子，宋朝第十一位皇帝、南宋第二位皇帝。

③ 释智愚（1185—1269），北宋诗僧。

出镜喵星人：Lucky99 张九九

每一个喵星人都有一个独特的故事，每一个故事都值得被讲述。这些猫咪、这些故事一直就在那里，只不过在静静地等待一个被讲述的契机。对我而言，因为一只三脚飞猫（下图一望而知其右腿缺失）的出现，这个契机瓜熟蒂落。她就是Lucky99，一只励志、治愈系、正能量的小猫咪。在《我是Lucky99——治愈系萌猫自传》出版之前，先有记录走进我生命深处的喵星人故事的《那些刻在我们心上的爪印》一书问世。爪印，爪印，那些铭刻在我们心上的一个个、一串串爪印是终生都难以忘怀的啊！

八　请过猫儿师傅，不许老鼠放光

骐麟、绿耳、蜚鸿，骅骝，天下良马也，将以捕鼠于深宫之中，曾不如跛猫。

——［汉］东方朔[①]《答膘骑难》

骅骝将捕鼠，不及跛猫儿。失却斑猫儿，老鼠围饭瓮。

——［唐］寒山[②]《诗三百三首》

怪来米尽鼠忘迁，嚼齧侵寻到简编。珍重令君怜此意，不劳鱼聘乞衔蝉。

——［宋］赵蕃[③]《谢彭沅陵送猫》

饮罢鸡苏乐有余，花阴真是小华胥。但教杀鼠如山了，四脚撩天却任渠。

——［元］元好问《宣和内府物二首·醉猫图何尊师画》

请过猫儿师傅，不许老鼠放光。

——［明］汤显祖[④]《牡丹亭》

① 东方朔（约公元前 160 年—前 93 年），西汉文学家，主要著作有《答客难》《非有先生论》等，先后任常侍郎、太中大夫等职。

② 寒山（约 691—793），唐代诗僧。

③ 赵蕃（1143—1229），南宋中期诗人、学者、理学家。

④ 汤显祖（1550—1616），明代戏曲家、文学家，被誉为“东方的莎士比亚”。

出镜喵星人：张黑宝（左上）、张二宝（右上）、张三宝（左下）、张东东（右下）

猫是小虎兼虎舅兼虎师父，虎为大猫兼猫甥兼猫学徒。猫与虎“大小虽异，禀性不殊。虎啸风生，猫声鼠窜”“生平威力才如此，莫遣君家鼠辈闻”——明代进士、大臣倪岳在《四时猫四首》中如此讴歌猫的除鼠本能。对于生活在今日人类居所中的家猫而言，几乎无鼠可捕，但其绝大多数游戏行为均可被视为模拟狩猎。当这些狩猎者稳准狠地将“猎物”紧紧咬在嘴里，发出含混低呜的一瞬间，其成就感和满足感达到事业巅峰，目光如炬，压力尽释，身心康泰，春暖花开。

九　世上好诗无非猫诗——写猫的诗或猫一般的诗

并排而睡者，一猫与一小蝴蝶，还有一和尚。
阵雨忽降至，出门来迎接我者，乃草堂猫儿。
梅花盛开时，窗纸上却倒映着，黑猫的魅影。
怀里一猫儿，看见了一片树叶，感知一森林。
桃花盛开时，御寺山中一猫儿，也得迟来爱。
油菜花飘飘，沾染上跃动的猫，像极了爱恋。
红梅树枝上，挂着一只晾干的，洗过水的猫。
晾晒衣物上，晾晒起了一猫儿，伸腰晒太阳。
猫铃叮当响，惊醒了漫漫长夜，菊花应声开。
边廊里的猫，装出一副深沉样，观看菊花开。
薄薄一竹席，经由一猫儿带来，一片鹅毛雪。
隐居无帮手，只能仰仗三小猫，也把年糕做。
小小一猫儿，解开粽子的手法，却灵巧得很。
呼唤猫球儿，从胡枝子草丛中，传来喵喵声。
一个接一个，猫儿也并排着队，等着新衣服。

——［日］小林一茶[①]《一茶，猫与四季》

---

① 小林一茶（1763—1827），日本江户时代后期的俳句诗人。其作品多体现对弱小者的关注与慈爱，其中尤以涉及小动物题材的作品最具特色。与早期的松尾芭蕉、中期的与谢芜村并称为江户时代的三大俳句诗人。他也是著名的爱猫人士，作有数百首关于猫的俳句。《一茶，猫与四季》呈现了一年四季诗人与猫以及其他小生物令人回味的生活点滴，集结了一百五十首“写给猫的情诗”。

出镜喵星人：张大顺

在大顺子把自己当作礼物送上门来之前我早就认识他了。因常年给本小区及附近几个小区的流浪猫做绝育手术并三百六十五日给常驻猫儿们送食、送水，这只亲人的大个猫儿常跑过来蹭腿示好，每次我都会蹲下身跟他说话，抚摸他伸过来求挠的下巴、脖子和脑袋，打开他爱吃的罐头，因他尚年轻体健而让其继续做一只“自由的”街猫。几年倏忽而过，他已步入晚年。本楼因整体装修而楼门洞开多日，“聪明过猫”的大顺子趁此良机自己爬上五楼，笃定地坐在我家门前等待“芝麻开门”，直至邻居发现后按响了门铃……这一次，是大顺子自己做主替我做了决定——我呢，自然是立即抱起他进门，热烈欢迎他成为张家的孩子！

杰 作 与 避 难 所

你好像是懂得我的忧伤的，我把你抱在怀里，把你的脸捧向我的脸，好让我们彼此凝视。我感觉，你透过我浑浊的目光，懂得了我内心最深的忧伤和秘密。

你高兴时多么的乖巧，你在我的耳边发出让人心疼的叫声，好像我不心疼你我就是罪人。你委屈时总是泪水涟涟，你的眼泪里凝聚了整个宇宙的悲伤。有时，你像个哲学家，你总那么深沉，蓝色时期的尼采看了都会羞愧。

——［阿根廷］博尔赫斯[①]

① 豪尔赫·路易斯·博尔赫斯（1899—1986），阿根廷诗人、小说家、散文家、翻译家，被誉为作家中的考古学家。作品涵盖多个文学范畴，以拉丁文隽永的文字和深刻的哲理见长。

出镜喵星人：张国庆

一 悲惨人生中有两个避难所：一是音乐，二是猫咪

悲惨人生中有两个避难所：一是音乐，二是猫咪。

——［德］阿尔伯特·史怀哲[①]

严肃的学者，还有热烈的情侣／在其成熟的季节都同样喜好／强壮又温柔的猫，家室的骄傲／像它们一样地怕冷，简出深居／它们是科学也是情欲的友伴／寻觅幽静，也寻觅黑夜的恐惧／黑暗会拿来当作音乐的坐骑／假使它们能把骄傲供人驱遣／它们沉思冥想，那高贵的姿态／像卧在僻静处的大狮身女怪／仿佛沉睡在无穷无尽的梦里／丰腴的腰间一片神奇的光芒／金子的碎片，还有细细的沙粒／又使神秘的眸闪出朦胧星光。

——［法］波德莱尔[②]（郭宏安译）

在火灾中，让我在伦勃朗的画与猫之间选择，我会选择救猫。

——［瑞士］阿尔贝托·贾科梅蒂[③]

① 阿尔伯特·史怀哲（1875—1965），当代具有广泛影响力的思想家、哲学家、神学家、医生、社会活动家、人道主义者，《敬畏生命》是其代表作。他创立的以“敬畏生命”为核心的生命伦理学是当今世界和平运动、环保运动的重要思想源泉。1952 年荣获诺贝尔和平奖时发表如下获奖感言：“我呼吁全人类重视尊重生命的伦理。这种伦理反对将所有的生物分为有价值的与没有价值的、高等的与低等的。”

② 夏尔·皮埃尔·波德莱尔（1821—1867），法国十九世纪现代派诗人，象征派诗歌先驱，代表作《恶之花》是十九世纪最具影响力的诗集之一，另著有《巴黎的忧郁》《美学珍玩》等。

③ 阿尔贝托·贾科梅蒂（1901—1966），瑞士超现实以及存在主义雕塑大师，画家。

出镜喵星人：张斑斑

斑斑是只标准的美国短毛猫，然其猫生的第一年却并未因系出名门而备受宠爱，一个典型的始乱终弃的故事就发生在他身上。因美慕同学家有好看的名猫，主人家的孩子央求父母也高价买来一只。孰料新鲜劲儿一过，这只跟同学家那只一模一样的好看名猫常被忽视，主人一家或长或短时常外出而被关黑屋更给他带来了心理与行为上的严重影响。2020 年疫情初起，因相信宠物会感染病毒并传给人类的谣言，他就像一块烫手的山芋，被主人辗转送给几个不同的人家，终因同样原因而被原路退回……最后，我收养了这只银虎斑，并为之取新名为“张斑斑”，命运安排他来到我们张家猫窝的 7 月 13 日恰逢其一岁生日——新生之日。

二　世界上有两样东西是完美的：一是时钟，二是猫咪

如今猫咪已经是最受欢迎的家庭宠物了。现在全世界范围内猫的数量已经三倍于“人类最好的朋友”——犬了。我们越来越多地居住在城市里，而这样的环境并不十分适合狗狗，因此猫咪便成了许多人对宠物的最好选择。美国大约三分之一的家庭拥有一只或更多的猫咪，而在英国则有四分之一多的家庭。

——［英］约翰·布拉德肖①《猫的秘密——喵星人完全指南》

每个跟猫接触过一段时间的人都知道：对于人类的没耐心，猫总是充满了耐心。

——［美］克利夫兰·艾默里②

它们是那么纤细、爱撒娇、傲慢／以及自然，又机灵又令人惊叹的／美丽。

——［美］查尔斯·布考斯基③《关于猫——布考斯基诗文集》

① 约翰·布拉德肖，英国知名的人与动物关系学专家，研究狗、猫及其饲主超过二十五年。他在布里斯托尔大学创立了世界闻名的“人与动物关系学研究所”。代表作《猫的秘密——喵星人完全指南》和《狗的秘密——教你如何与你的宠物成为好朋友》以扎实的科学研究为基础写成，为动物研究展示了更为广阔的前景。

② 克利夫兰·艾默里（1917—1998），美国作家，献身于促进主张公平对待动物的动物权利运动，著有大量揭露狩猎之残忍和破坏生态的文章。代表作《北极熊》写其1977年圣诞前夕在曼哈顿街道上解救的一只猫咪。他是动物基金的创始人，被誉为现代动物保护运动的鼻祖。

③ 查尔斯·布考斯基（1920—1994），二十世纪美国最有影响力的诗人、小说家之一。阿尔贝·加缪称他为美国当代最伟大的作家，《时代周刊》评论他是美国底层社会的桂冠诗人。

出镜喵星人：张圆圆

小时候，圆圆跟她的哥哥团团和妹妹芳芳一样是个毛茸茸的大头娃娃。成年后团团体形适中，芳芳娇小玲珑，唯有圆圆貌如其名，像气儿吹的似的自顾自往胖里长，直至圆滚滚肉乎乎方才定型。圆圆坚信“猫肥家润，只有肚子胖胖才能生活旺旺”的真理，最喜在书桌旁的推拉窗窗台上睡上一个又一个长长的午觉，以头抵窗，收拢尾巴，那一团雪白圆润常令我情不自禁地以手相抚，甚至侧耳俯在其身上，凝神细听村上春树笔下那“夏日终了的海鸣声般轰隆隆的声响”，这些声响“和呼吸同步上升、下沉，上升、下沉……就像刚诞生的地球一样”。

三 这个最小的猫科动物是一件杰作

这个最小的猫科动物是一件杰作。

——［意］列奥纳多·达·芬奇①

看到在热带草坪上滚来滚去的银色猫咪，一下子就被它给电到了。

人们被可爱的猫咪所征服称之为“触电”。

——［日］向田邦子②《万能读物》

动物当中最美的是猫，眼睛美，鼻子更美！

——［日］谷崎润一郎③

① 列奥纳多·达·芬奇（1452—1519），意大利画家、科学家，欧洲文艺复兴时期的代表人物之一。他还为后世留下融合了其艺术素养、人生阅历和不朽智慧的寓言故事一百多则，其中包括数篇赞颂动物美德懿行的作品。他也是世界最著名的素食大师之一。《猫的位置与动作研究》是他创作的一幅谜一样的绘画作品，描绘了几十种猫的姿势和动态，每个个体都能单独成画，他最后得出的研究结论便是这句名言。

② 向田邦子（1929—1981），日本高人气女作家，二十世纪六七十年代的电视编剧界女王，作品多达千余部，多描写昭和时期日本的生活样貌，被称为“昭和时代的代言人”。在写完此文的数月后，向田卒于一场空难。爱猫麻美雄三个月足不出户，直至她入土之日——当天麻美雄始终守在主人新墓旁，久久不忍离去……

③ 谷崎润一郎（1886—1965），日本小说家，代表作有长篇小说《春琴抄》《细雪》，被日本文学界推崇为经典的唯美派大师。

出镜喵星人：幼年与成年的张大宝、张二宝、张三宝、张四宝

一猫一世界，万物灵且美，果然生光辉。每个生命都是奇迹，无论大小与形态。作为助产士迎接这四个因为一个美丽的“失误”而光临凡间的小天使的到来何其有幸，近八年来，他们带给我多少惊喜、感动、美好！四兄妹迄今仍亲密无间，同嬉同乐，同眠同起，羡煞旁猫也。图中幼年大宝与二宝拥有的一蓝一金一对异瞳“日月眼”已见雏形。

四　一个动人的思想，一只穿天鹅绒的猫

可这张脸 / 小扁鼻子，圆圆的两颊 / 那么打动我，有点像我半夜时突然醒来 / 在身边的枕头上看到的脸 / ……惊奇唤醒爱情 / 一个动人的思想，一只穿天鹅绒的猫。

——［波兰］切斯瓦夫·米沃什①

我像是和一束毛茸茸的爱住在一起。十四年前，她是我女儿骑马之地的谷仓猫咪。

——［英］尼尔·盖曼②

雌猫晃动尾巴 / 天鹅绒的雷达 / 操控身后的黑夜。

——［西］弗朗西斯科·翁布拉尔③

谷仓里的耗子视它为猛虎 / 田间老鼠也慑于它的利爪 / 但对我而言它却是个可亲可爱的大毛团 / 总是露出天鹅绒般的小猫爪。

——英国民间诗歌

① 切斯瓦夫·米沃什（1911—2004），波兰诗人、作家和散文家，1980 年诺贝尔文学奖获得者，主要作品有《被禁锢的头脑》《伊斯河谷》《个人的义务》《务尔罗的土地》等。

② 尼尔·盖曼，1960 年生，英国新一代幻想文学的代表作家，代表作有《美国众神》《卡罗琳》等。

③ 弗朗西斯科·翁布拉尔（1932—2007），西班牙记者与作家。

出镜喵星人：张铃铛

这个被卡在中国水利水电科学研究院小区一栋塔楼地下室二层的外墙夹缝中奶声奶气呼救至嗓哑的小天使终于获救了！现在，可以用加倍的爱补偿他在此前的短暂猫生中遭受的所有磨难了。正应了《猫咪简史》一书所言："良好的照顾会使那些瘦弱的小野猫变成一只丰满而诚实的大猫，它们的皮毛有光泽，眼神有爱意，唱着歌儿奔向你，跳上你的肩头享受被人初次抚摸的快乐！"这个小不点儿就是这样戴着小红铃铛、唱着歌儿投入新生活的。

五 每只猫都有魔法，每只猫都是一只“特别的猫”

我相信，每只猫咪都有魔法。我始终弄不明白的是：到底是我收养了猫，还是猫恩准我进入了她的生活。据说，要是你喜欢猫是因为你想爱一个人；你更喜欢狗，是因为你渴望被人爱。

拥有猫是多么奢侈啊！使你的生活时时充满令人惊艳的喜悦，让你体会到用手掌抚触一头野兽光泽柔软皮毛的感觉，在寒夜醒来时那紧贴着你的温热身躯，还有那甚至在一只随处可见的普通土猫身上也能见到的优雅与魅力。

——［英］多丽丝·莱辛①

我将仔细凝视我的猫，杰欧弗利 / 他是永生上帝的奴仆并每天侍奉他 / 当在东方第一眼看到上帝的荣光时，他就用他的方式崇拜上帝 / 他们的优雅转身就像是围绕身体的花环。

——［英］克里斯托弗·斯马特②《我将仔细端详我的猫，杰欧弗利》

活的动物有一种充分的在场性，对于他们来说，行动融于感觉之中，感觉融于行动之中——这些构成了动物的优雅，人类难以与之匹敌的优雅。

——［美］约翰·杜威③《艺术即经验》

① 多丽丝·莱辛（1919—2013），英国女作家，2007 年获诺贝尔文学奖，代表作有《金色笔记》《野草在歌唱》《暴力的孩子们》等。她也是世界最知名、写猫最多的“猫奴”之一。

② 克里斯托弗·斯马特（1722—1771），十八世纪英国诗人。

③ 约翰·杜威（1859—1952），美国哲学家、教育家、心理学家，美国实用主义哲学的重要代表人物，现代教育学和机能主义心理学的创始人之一，《艺术即经验》是其美学代表作。

出镜喵星人：张小顺（左）、张黑豆（右）

2020 年年初新冠肺炎疫情爆发后发现小区新来的玳瑁妈妈时，玳瑁妈妈还不是妈妈而只是一只玳瑁猫。由于疫情管控而无法下笼捕捉，加之玳瑁超凡的定力（竟能抵御住诱捕笼里"妙鲜包"的扑鼻香味），待被我最终抓住时她已经成了妈妈，此窝育有黑豆子、小顺子、小祥子、虎妞妞、Konica 五娃。为保证玳瑁妈妈和五娃不再制造出更多的小五娃、小小五娃，只得下决心将一家六口分别诱捕，长住张家猫窝，数月后一并绝育——试问，怎么可能狠得下心将已经与你朝夕相处了半年之久的一大家子弃之门外任其自生自灭而问心无愧？所以，一家六口至今仍在张家猫窝安享来之不易的天伦之乐。

六　我宁愿做一只喵喵叫的小猫

我宁愿做一只喵喵叫的小猫，也不愿做那故作深情的卖唱人。

——［英］威廉·莎士比亚[①]

你取了猫命一条，它剩下的八条命就要来向你报仇。

——［英］威廉·莎士比亚

有些猫咪会和天使说说话，有些猫咪自言自语。还有一些猫咪，因为知道自己是猫咪，所以一直安安静静的，和谁都不说话。

——［美］安迪·沃霍尔[②]

当我开始养猫以后，知道猫能理解人的话。而且，猫也会说话。当然不是用人类的语言，而是以叫声的音调、表情、态度来表达……那些“啊”“呜”的声音，实际上比语言更早直抵人心……有丰富的情绪在那里，但却框进了“可爱”与“乖”里。那些丰富的情绪，可能是喜爱，可能是尊敬、感谢以及对于一个小生灵的存在的惊喜、肯定和许多无法命名的心情。

——［日］角田光代[③]《没有语言的对话》

① 威廉·莎士比亚（1564—1616），英国文学史上最杰出的戏剧家，欧洲文艺复兴时期最伟大的作家，全世界最卓越的文学家之一。莎士比亚最具有代表性的作品是其四大悲剧：《奥赛罗》《哈姆雷特》《李尔王》《麦克白》。

② 安迪·沃霍尔（1928—1987），波普艺术的领袖人物，电影制片人、作家、摇滚乐作曲者、出版商，纽约社交界、艺术界的明星式艺术家。最喜欢猫的母亲对他影响深刻，他们共同收养了几十只猫并画猫、写猫、出版关于猫的图书。难怪在其侄子的回忆里，这位名人叔叔是一个“养了好多猫的爱猫男人”。

③ 角田光代，1967 年生，日本小说家、翻译家，作品数次获得重要文学奖项。

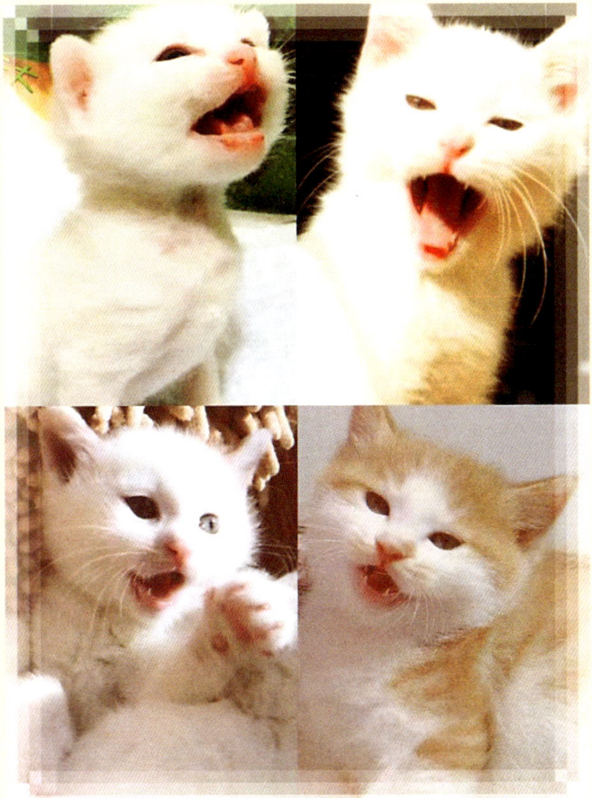

出镜喵星人：张南南（左上）、张满仓（右上）、张芳芳（左下）、张团团（右下）

“当我们像中了大奖似的捡回一条小命、有了永久的家以后不久就成了人人都喜爱的萌样儿！”这几个小不点儿正如清朝诗人朱中楣在《西江月·咏小白猫》一诗中所写：“卧似绿茵滞雪，蹴疑锦幔飞霜。”惜乎喵星人的童年转瞬即逝，“嫩白轻斑尚带痴，敛身摇尾未成威”的小猫崽们以惊人的速度成长为“一鸣四壁鼠穴空”“晚入重楼护赐书”的大猫儿。猫儿哟，真想按下暂停键，请你慢些长啊慢些长，好让我把你每一个成长瞬间都看个够啊看个够！

七　每一种动物都是一扇门

每一种动物都是一扇门，推开这扇门，就可以进入充满灵性的世界。当我们向动物学习时，要学会用动物的耳朵听，用动物的眼睛看。它们是我们的老师、朋友和知己。通过它们，我们学会敬畏自然、敬畏生命，它们唤醒了早已被我们遗忘的对世界的好奇心，同时也唤醒了我们对灵性、梦境和不可思议力量的敬畏之心。

从搏击气流的翅膀，到踏过泥土的蹄印，甚至是树叶上留下的细微爬痕，这地球上的每一种动物，都有其存在的意义，它们全是这世界中指定的图腾。而作为古老信息的传递者，每一种动物也都在向我们诉说着生命的秘密，教会我们感受万物神奇，更点亮心中的另一个自己。

——［美］泰德·安德鲁斯[①]《动物知道生命的答案》

我逐渐认识到，动物是如何走进我们的生活来教给我们一些东西。尽管它们无法用言语表达自身，但这并不是个负担，因为它们有很多其他的交流技能。是去用心聆听还是随便听听以及要不要仔细观察，完全取决于我们自己。理解需要忠诚、耐心，还需要坚定的信念。但是，即使是激进的青年都可以读懂动物的心声，理解它们简单却难以忘怀的想法。这些特殊的例子真实明了，给我留下了难以忘怀的印象，让我看到了希望、宽容以及人类和动物之间那种互相敞开心扉所激发出的令人难以置信的能力。

——［美］尼克·特劳特[②]《爱是最好的良药》

① 泰德·安德鲁斯，美国自然精神领域的著名作家、学者和教师，全球殿堂级神秘学大师。著有《气场的秘密》《前世的秘密》《动物知道生命的答案》《动物之声》等一系列畅销作品，并在多种自然哲学杂志上拥有自己的专栏。

② 尼克·特劳特，美国畅销书作家、兽医。

出镜喵星人：张三宝

三宝是只门框猫——酷爱像条龙似的趴在她最钟意的那个门框上，一条尾巴扫来扫去，两眼炯炯有神地望着前方——正前方贴着一幅巴黎黑猫酒吧的标志性海报，上面那只著名的黑猫也同样炯炯有神地回望着三宝。但一旦遇到为动保活动拍照做海报这样的正事儿，平时常耍点儿傲娇小脾气的三宝会麻利地从门框上跳下来，听凭我这个地球人妈妈指挥，该干什么干什么，召之即来、来之能战、战之必胜。

八 猫是唯一最终把人类驯服的动物

我相信猫是谪仙的神灵，一只猫，我坚信，可以行走云端。

——［法］儒勒·凡尔纳[①]

古代埃及人对心爱猫类的态度有助于凸显早期文明对猫的重视。举例而言，猫被视为神圣不可侵犯的动物，杀猫者死。如果家中有猫自然死亡，家里所有人都必须服丧，其中包括剃掉眉毛。

——［英］德斯蒙德·莫里斯[②]《猫咪学问大》

猫是唯一最终把人类驯服的动物。

——［法］马塞尔·莫斯[③]

人类根本不是万物之冠，每种生物都与他并列在同等完美的阶段上。

——［德］弗里德里希·威廉·尼采[④]

---

① 儒勒·凡尔纳（1828—1905），十九世纪法国著名科幻小说和冒险小说作家，被誉为“现代科学幻想小说之父”，代表作为三部曲《格兰特船长的儿女》《海底两万里》《神秘岛》。共创作了六十六部长篇小说和短篇小说集、几个剧本、一册《法国地理》和一部六卷本的《伟大的旅行家和伟大的旅行史》。

② 德斯蒙德·莫里斯，1928 年生，世界知名动物学家、动物行为学家、人类学家。著有畅销世界的《裸猿》《人类动物园》《亲密行为》等书。本书是一部解读宠物行为的经典作品，被著名作家、诺贝尔文学奖得主、资深猫奴多丽丝·莱辛称为“爱猫者必看“之书。

③ 马塞尔·莫斯（1872—1950），法国人类学家、社会学家、民族学家。

④ 弗里德里希·威廉·尼采（1844—1900），德国著名哲学家，西方现代哲学的开创者。

出镜喵星人：Lucky99 张九九

张家三脚飞猫 Lucky99 的早期照片多穿着这件姥姥用旧棉毛衫袖子改成的套头衫，既暖和又不像有些买来的衣服那样容易脱落。那明亮坚毅的眼神似在宣示：无论猫生之路多么艰辛也要勇敢地走下去，继续履行业已履行了十余年的天赋使命，为动物请命，为人心洗尘，把自己活成一个小小的传奇。

九 猫咪身上总有股太阳的味道

猫咪最大的特权，就是可以不动声色地优雅离开，而且永远没人知道你是在哪里上厕所。这样你就能始终以最美的一面示人，所有人都会把你当成天使。以后再有类似的需要，先看向窗外，做出想出去散步的表情，然后你就可以跑去小树林或者排水沟解决啦。

——[法]巴尔扎克[①]《一只英国猫的苦难》

现代家猫看起来与人类婴儿十分相似。它们常常被夸赞为“可爱”——可爱并不是一个抽象或者良性的概念，而是一组特殊且强大的物理特性……家猫拥有一组被奥地利人种学者康拉德·劳伦兹称作“怜幼触发特质”的无敌特性：这些外表特征让我们想起自己的孩童并相应地释放出荷尔蒙——圆乎乎的脸蛋，肉嘟嘟的双颊，大脑门，大眼睛以及小鼻子。很多动物都非常可爱（尤其是它们小时候），且家养动物往往会在成年阶段依旧保持这种幼龄长相。

——[英]艾比盖尔·塔克[②]《人类“吸猫”小史》

猫咪的身上总有股太阳的味道。

猫咪的叫声里也许蕴藏着能撬动人类灵魂的不可思议的力量。

——[日]野泽延行[③]《猫语教科书》

---

① 巴尔扎克（1799—1850），法国小说家，被称为现代法国小说之父。一生共著有91部小说，合称《人间喜剧》，被誉为“资本主义社会的百科全书”。巴尔扎克是著名的批判现实主义作家，代表作有《克伦威尔》《朱安党人》《驴皮记》等。

② 艾比盖尔·塔克，1973年生，伦敦国王学院教授，科普作家。本书荣登《纽约时报》动物科普类畅销榜，是一本风靡全球的自然科普读物。

③ 野泽延行，1955年生，兽医，畅销书作家。

出镜喵星人：张汤圆

醉卧花丛的花童汤圆爱花成痴，由爱花而吃花，哪里花多就流连于哪里，嗅足吃够之后便呼呼大睡。但她的最爱却并非鲜花而是“猫薄荷”——一种有助于猫咪排解压力、消遣以及缓解情绪和娱乐的植物，亦称“猫兴奋剂”。猫薄荷中含有一种被称为荆芥内酯的成分，这种成分可以让猫咪产生幻觉，出现像嗑药似的兴奋反应，比如流涎、狂舔、翻滚等，这种情况通常会维持几分钟到十几分钟。张家喵星人通常一周至十天吃一次猫薄荷，每逢此时，众猫集体沉迷乃至沉醉之萌态、憨态实在可掬、堪掬。

疗 愈 与 小 确 幸

没有哪个摄影师能抵挡住为猫拍照的乐趣，自家的猫、偶遇的猫、模特儿们的猫、在胜地的猫、威尼斯的猫、日本禅宗寺院的猫、巴黎屋顶的猫或者其他地方的猫。猫作为唯一的主题；猫作为背景；猫为背景增色；几只猫在一起；猫和狗在一起；猫和明星在一起；猫在街道上，在水边，猫欢跳着，在吃饭，在玩耍，在争吵……

猫是那样上镜！那样富有表现力！那样优雅，那样珍贵！那样有说服力！那样雄辩！每一个姿势都是那样无懈可击！古往今来最伟大的摄影师都曾于某日将它们定格在了胶片上。

——［法］弗雷德里克・维杜①《猫的私人词典》

① 弗雷德里克・维杜，法国小说家、散文家、法兰西院士。著有《贝贝尔・路易–费尔迪南・塞利纳的猫》《卢浮宫的猫》《泰拉奇纳的喜剧》（荣膺法兰西学院小说大奖）等。《猫的私人词典》是这位“骨灰级院士猫奴”写给喵星人的长篇情书，是一部记录“喵陛下”真实生活与私家历史的“起居注”，描绘了人与猫之间涉及文学、艺术、历史、战争、戏剧、音乐等各领域的奇闻轶事，让人不禁遐想猫不能说出口的智慧里究竟蕴含了多少宇宙的秘密。

出镜喵星人：张二宝、张大宝、张东东、张圆圆、张四宝

一　治愈地球人是喵星人不变的使命

我们来自喵星球，我们向往无拘无束的生活，喜欢冒险，喜欢结交朋友，喜欢热闹，喜欢卖萌。其实人类并不知道我们是外太空来的天使喵咪，为治愈地球上千千万万的迷途小羔羊，我们无私地奉献着，治愈所有地球人是喵星人不变的使命。

——喵星百科

……能治愈人心的肉球啊！

当猫咪的肉球轻轻地触摸我疲惫的双眼时，我深切地感到无比的轻松。

——［日］梶井基次郎[①]

人只要和猫咪生活在一起就会被猫咪所治愈。和猫咪在一起的幸福时光是任何东西都不能取代的。人们和猫咪在一起生活时，内心会被猫咪所治愈，同时也能向猫咪学习到淡泊安稳的生活智慧。

——［日］野泽延行《猫语教科书》

动物到此其来有自，它们在地球上有任务；当它们完成任务时，会感到愉快而满足。我们可以观察其神圣的生涯目标，比较动物和人类，欢乐、愉悦、大爱是动物朋友的本质。它们努力将那些品质带进我们的生活和世界，因此它们于我们实在是亦师亦友、至亲所爱，而人类就是其照护者。

——［荷］琳达·罗斯鲁特[②]

---

① 梶井基次郎（1901—1932），日本近代作家，代表作为《柠檬》。

② 琳达·罗斯鲁特，荷兰心理医师。

出镜喵星人：张国庆

若将疗愈力排级，国庆至少能排上九级（十级为最高的话）。“双睛竖，帘外牡丹花午”“眼底金波微溜”，小脸蛋儿、胸脯与四肢似白雪铺就，既妩媚又威武。我们邂逅于十多年前的一个国庆节，这个小不点儿当时正在一片灌木丛中蜷成一团发着高烧……康复后茁壮成长为一只超级亲人的帅喵，每将之揽入怀中，其必用那双黄宝石美眸端详着揽者。最受欢迎的绝技是伸出毛茸茸的雪白爪儿轻抚你的脸颊或下巴，辅以深情对视良久，慕名而至的友人亲身体验后连呼：“哎呀呀受不了啦！心都快要融化掉啦！”

二　缱绻依人慧有余，长安俊物最推渠

缱绻依人慧有余，长安俊物最推渠。故侯门第歌钟歇，犹办晨餐二寸鱼。

——［清］龚自珍①《己亥杂诗·二一〇》

独异其禀性乖觉，气机灵捷，治鼠之余，非屋角高鸣，即花阴闲卧，衔蝉扑蝶，幽戏堪娱。哺子狎群，天机自适，且于世无重坠之累，于事无牵率之悞，于物殖有守护之益，于家人有依恋不舍之情，功显趣深，安得不令人爱重之耶！以故穿柳裹盐聘迎，不苟铜铃金锁，雅饰可观，食有鲜鱼，眠有暖毯，士夫示纱幮之宠，闺人有怀袖之怜，而其享受所加较之群兽为何如耶？然则猫之系结人事世缘若有至亲切而不可离释者，方有若斯之嘉遇，此猫之所以视群兽有独异焉者……人莫有不好，我独爱吾猫，盖爱其有神之灵也，有仙之清修也，有佛之觉慧也。

——［清］黄汉《猫苑》自序

我很喜欢那个忧郁的动物（编注：猫）。它们不会表演技艺，并非它们学不会，而是它们认为那种事很愚蠢。它们那种有点儿卖弄小聪明又爱耍脾气的表情，排列整齐的牙齿……我真的喜欢得无以名状。

——［日］三岛由纪夫②

---

① 龚自珍（1792—1841），清代思想家、诗人、文学家和改良主义的先驱者，其诗文主张“更法”“改图”，揭露清统治者的腐朽，洋溢着爱国热情，被柳亚子誉为“三百年来第一流”。诗、词、文均有建树，被后世称为“近代文学开山作家”。著有《定庵文集》，今人辑为《龚自珍全集》。曾任内阁中书、宗人府主事和礼部主事等官职。

② 三岛由纪夫（1925—1970），日本当代小说家。主要作品有《金阁寺》《鹿鸣馆》《丰饶之海》等，多次入围诺贝尔文学奖，人们为纪念他而设立三岛由纪夫文学馆。

出镜喵星人：张二黑

听说过用收养一只流浪猫（见其右耳标记）作为生日礼物送给自己的吗？2011年我就干了这样一件事，来自流浪动物救助基地的黑猫小二黑就是我送给自己的生日礼物（非我之选而系基地随机送来的）。日后读到《下辈子做猫吧》这本用喵星人的第一人称写成的书，书里所有喵星人的共识是：送礼是传情达意的经典方式，喵星人既喜欢收礼物，也喜欢送礼物，而且特别精于此道。关键的结论是，喵星人眼中的最佳礼物是什么？是喵星人自己！就是说，把自己当作礼物送给主人，不退不换哦！刚来那天我以为猫家是个男生，不假思索就把赵树理名作《小二黑结婚》中主人公的名字给安在小黑猫身上了，不曾想是个女生。也罢，小二黑就小二黑吧，难不成非要改成书中小二黑的恋爱对象小芹的名字不可？

三　我在年龄上最大的进步就是发现我爱着一只猫

我坐在藤椅上看着他们（编注：猫咪），可以微笑着消耗过一二小时的光阴。

——郑振铎[①]

我在年龄上最大的进步就是发现我爱着一只猫。

—［法］沃尔特·司各特[②]

我爱猫，因为我爱家，渐渐地，猫成了家中有形的灵魂。

——［法］让·考克托[③]

我偏爱电影。我偏爱猫。

——［波兰］维斯瓦娃·辛波丝卡[④]《种种可能》

① 郑振铎（1898—1958），中国现代杰出的爱国主义者和社会活动家、作家、文学史家。1919年参加五四运动并开始发表作品。曾任国家文物局局长、中国科学院考古研究所所长、中国文学研究所所长、文化部副部长等职。

② 沃尔特·司各特（1771—1832），英国历史小说家、诗人。

③ 让·考克托（1889—1963），诗人、小说家、戏剧家、画家、设计师、法兰西学院文学院士、电影导演。他多才多艺，几乎涉猎了其所处时代所有的现代艺术，惊人的创作能力令他获得世界性的声誉。

④ 维斯瓦娃·辛波丝卡（1923—2012），波兰女诗人、翻译家，1996年荣获诺贝尔文学奖，其诗作被称为“具有不同寻常和坚韧不拔的纯洁性和力量”，享有“诗界莫扎特”的美誉，是第三位获得诺贝尔文学奖的女诗人。

出镜喵星人：张笛子

笛子和妹妹小花儿是小时工小李从小区八号楼前的垃圾桶旁捡来给我的，说是一窝六只小猫，四只好看的被人挑走了，剩下的两只在一个破鞋盒里喵喵叫了两天也没人要，怕是要饿死了，于是乎……数月后小花儿不幸夭折……笛子今已十六岁高龄，喵声依旧，因始终难忘早夭的小花儿妹妹，独来独往，只喜与布老虎红红为伴。

四　幸福就是温暖而柔软的东西

我从猫的身上学到了许多事，关于如何平等对待生命的重要事情。例如，幸福就是温暖而柔软的东西，这无论走到哪里都说得通，这一类的事情。

像这样把这个柔软的小生命抱在腿上……看着它这副无条件地依赖于我的睡相，我就会觉得有一股暖流涌入我的胸膛。

——［日］村上春树①

小猫崽可爱，年轻的猫咪活泼。可是年老猫咪那种悠然自得的生活方式也充满着魅力。如果和年老的猫咪一起生活过，就会感到在年老的猫咪身上有种看透世间万物的达观，总是散发着菩萨一般的不可思议的魅力和温暖。

——［日］野泽延行《猫语教科书》

人类幸福，猫却未必幸福。但如果猫幸福，人类就一走会幸福。也就是说，保护自然，才能救助人们。如果猫能幸福地在这世界上活着，就意味着人的社会一定也能幸福。

——［日］中浜稔（日本淡路市市立中浜稔猫美术馆馆长）

一只猫顽皮时充满活力的跳跃和突袭可以给我们的心灵带来活力，一只猫温和时的沉静也给我们的心灵带来抚慰。

——［英］凯瑟琳·M. 罗杰斯②《猫咪简史》

---

① 村上春树，1949 年生，日本后现代主义作家，被称作第一个纯正的“二战后时期作家”，并被誉为日本二十世纪八十年代的文学旗手。代表作有《挪威的森林》《海边的卡夫卡》《1Q84》等。亦为著名爱猫、写猫作家。

② 凯瑟琳·M·罗杰斯，1932 年生，学者、畅销书作家。

出镜喵星人：张妞妞

村上春树喜欢所有的猫，尤其钟爱年老母猫，据此看，他一走会喜欢我们妞妞的。2006年2月，从北京鼓楼西侧小巷里一座古典庭院式建筑的宾馆中一举救回了妞妞一家四口——当时，宾馆总经理下了命令，即将对长期生活在这里、屡次驱赶无效的数十只流浪猫“一网打尽，以绝后患”。闻讯后，我和两位志愿者数次前往宾馆，终将能抓住的十几只猫儿绝育后分别收养或放归到我们各自居住的小区照顾。转瞬间十余年飞逝，小扣子妈妈和憨宝儿爸爸先后离世，无比亲人的妞妞与黎黎姊妹俩相亲相爱，共度余生。

五　猫——没有财产的快乐主义者

我想 / 我可以转变 / 与动物生活一处 / 他们是那么 / 平静和寡言 / 我伫立一旁 / 长久地看着他们 / 他们不会碌碌终日 / 也不会抱怨处境 / 他们不会在黑暗中辗转反侧 / 为过失而哭泣 / 他们不会令我作呕 / 探讨对神的责任 / 没有动物不知足 / 没有动物为了占有 / 而疯狂……

——［美］沃尔特·惠特曼[①]

动物是多么令人愉悦的朋友啊！它们从不发问，也从不批评。

——［英］乔治·艾略特[②]

通过接受我们的爱抚，猫咪们感到满心欢喜。在它们看来，它们几乎肯定是在参与一种可以增强它们与主人感情的社交仪式。

——［英］约翰·布拉德肖

哪里有猫咪，哪里就有快乐。

——［英］斯坦利·斯宾塞[③]

猫——没有财产的快乐主义者。

——［日］寺山修司[④]

① 沃尔特·惠特曼（1819—1892），美国诗人、人文主义者，创造了诗歌的自由体（free verse），其代表作是诗集《草叶集》。

② 乔治·艾略特（1819—1880），十九世纪英语文学最有影响力的作家之一。

③ 斯坦利·斯宾塞（1891—1959），英国画家。

④ 寺山修司，1935 年生，日本诗人、评论家、电影导演、前卫戏剧作家。

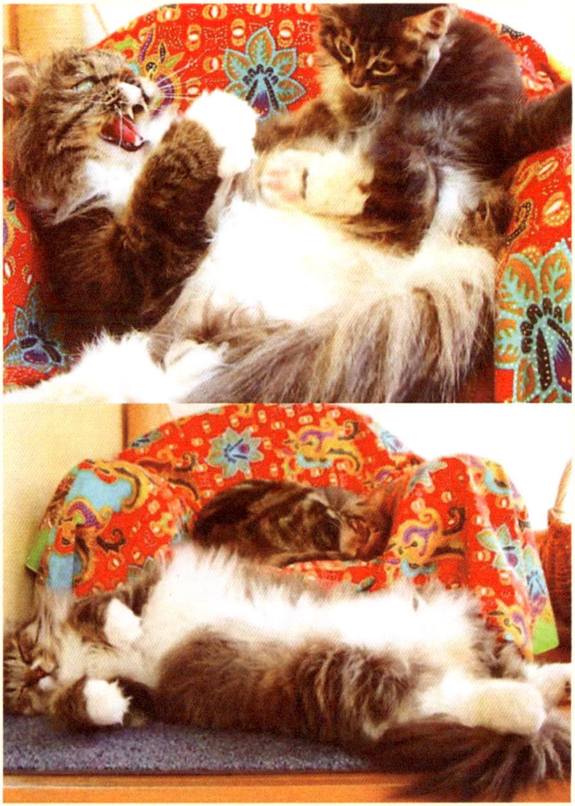

出镜喵星人：上图左起为张淘宝、张铃铛，下图左起为张淘宝、张小 Mu

猫生苦短，何以解忧？唯有暴饮、暴食、暴玩、暴睡！——看没心没肺的淘气包张淘宝如何“老夫聊发少年狂”与小铃铛对打、与小 Mu 一起酣睡……正如博尔赫斯所说，淘宝“好像有睡不完的觉”，猫生得意须尽欢，莫使卧榻空对月。日本兽医兼作家野泽延行总结了猫咪最典型的几种睡姿，其中一种是将前腿伸出、露出整个肚子的“欢呼型睡姿”——这款睡姿与淘宝堪称绝配！

六　夜半猫枕膝，寒宵闻天籁

不管怎样，咪咪二世已经成了我每天不多的喜悦的源泉。在白天，我看书写作一疲倦，就往往到楼外小山下池塘边去散一会儿步。这时候，忽然出我意料，又有一股白烟从草丛里，从野花旁，蓦地窜了出来，用浑身白而长的毛蹭我的脚，用嘴咬我的裤腿，用软软的爪子挠我的脚，使我步都迈不开。我努力迈步向前走，她就跟在我身后，陪我散步，山上，池边，我走到哪里，她跟到哪里……

——季羡林[①]《老猫》

只有猫能够在沙地或床上留下睡觉时身体的完整印记。人则不善于将自己的身体托付于它的形状，以证明一种完全的自我放弃。

——［法］让·波德里亚[②]

舒展着身体酣睡，毛茸茸的肚皮朝着太阳，一只爪子抬起遮着鼻子。猫的存在使居所变得完美，这一象征向世人展现着这里的平和与满足，毕竟以猫为证还是真实可靠的。

——［美］马克·吐温[③]《傻瓜威尔逊》

你好像有睡不完的觉，沙发上、地板上、书桌上、书柜间，只要你趴在哪里哪里就是你的睡床。在睡梦中，有时你会换个姿势，把头埋得更深，我不知你是不是在做一个遥远的梦，梦见宇宙的起始神的手抚摸着你时的感觉。

——［阿根廷］博尔赫斯

① 季羡林（1911—2009），语言学家、古文字学家、文学家、史学家、教育家和社会活动家。撰有多篇关于其爱猫的作品，颂扬猫咪的懿德懿行并表达他对爱猫刻骨铭心的思念之情。

② 让·波德里亚（1929—2007），西方哲学家、社会学家、后现代理论家。

③ 马克·吐温（1835—1910），作家、演说家，美国批判现实主义文学的奠基人，代表作有《竞选州长》《百万英镑》《镀金时代》《王子与贫儿》等。

出镜喵星人：张南南

“白而长的毛”——季羡林先生笔下的爱猫咪咪和咪咪二世都是这样的，而张家喵星人中南南最符合其描写，惜乎南南的眼珠颜色并非绿宝石般而是琥珀色的。就性格而言，从八一大楼西北角灌木丛中捡回来的南南同样亲人，喜欢一边蹭人、拱人求抱抱或求挠头，一边娇滴滴地喵喵叫个不停。倘若季老先生尚健在燕园，我定会左手抱着南南右手抱着旺旺（眼珠为湖蓝色的长毛白猫）登门拜访他老人家，略宽其痛思咪咪二世之情。

七 猫是天底下最善解人意的动物

猫，如果你好好对待它，它们会是天底下最善解人意的动物。

亲爱的孩子，我一直是个爱动物的人，它们给我的比我给它们的多。

我知道，这十多年来，不是我照顾它，而是它在照顾我。

动物会比我们早走，很多人怕伤心，所以不敢养它们。我当然也怕伤心，但是，我不会因为害怕就不去爱。最重要的是爱的过程。我们爱过的，在这宇宙之中，我们虽然是不同物种，但互相给过温暖与温情，那就足够了。

——吴淡如[①]《樱花树下的爱》

动物对人的最大回报，其实就是日常的陪伴与共同的生存。有它们与我们一块儿生活在这个星球上，看上去许多时候好像彼此并不搭界，显得若即若离，内里却有着深层的联系。我们与之呼吸着同样的空气，饮用着同样的水源，都一块儿从这个空间里寻找生活下去的资料。它们在日出日落间的奔跑、鸣叫和飞翔，还有月下的安息，都证明了这个生存空间的安全、充满活力和生命的正常有序，这就从根本上安慰了我们。

——张炜[②]《对不起它们》

赢得猫的喜爱并非易事，但如果你向它们证明你值得交往，它们就会带给你忠诚的伙伴关系以及善解人意的感情，就像我们常常从狗那里得到的一样。

——［法］泰奥菲勒·戈蒂埃[③]

① 吴淡如，1964 年生，台湾家喻户晓的主持人。已出书五十多种，被誉为“台湾畅销书天后”。

② 张炜，生于 1956 年，作家，中国作家协会副主席，万松浦书院院长，第八届茅盾文学奖得主（获奖作品为长篇小说《你在高原》）。《九月寓言》入选“新中国 70 年 70 部长篇小说典藏”。他是一位充满理想主义和浪漫情怀的作家，文字深沉、细腻，充满人文关怀与哲思。

③ 泰奥菲勒·戈蒂埃（1811—1872），法国浪漫主义诗人，芭蕾之冠《吉赛尔》编剧之一。

出镜喵星人：张白珍珠

从车轮下救回这只瘦骨嶙峋的小白猫那阵子（当时她顶多一岁却已遭遇了流产……），正在热播的一部电视连续剧的女主角名叫白珍珠，我毫不犹豫地借用了此名并认为此白珍珠远比彼白珍珠更名副其实。奇妙的是，这颗“珍珠”继续生长，从一开始的袖珍型倏忽间变得体积翻倍且珠圆玉润。这是一个安静极了的佛系喵星人，猫淡如菊，不声不响地活在张家猫窝。春有百花秋有月，夏有凉风冬有雪。若无闲事挂心头，便是世间好时节。日后读到目前已知最早（五代至北宋初年）的一则寻猫启事，上书“虞大博宅失去猫儿，色白，小名白雪姑”（《清异录》），不禁拍案叫好，若早点读到恐怕就会给她取名为白雪姑了。白珍珠，白雪姑，此二名她都当之无愧。

八　金猫吓跑黑暗这只老鼠

金猫吓跑黑暗这只老鼠 / 用它闪闪发光的千只足 / 意味着在平凡的每一天 / 来自东方的黎明光彩夺目。

——［美］奥利弗·赫尔福德[①]《爱思考的猫》

喜欢猫咪的理由——十个从实用主义角度总结出的理由：

1. 它没犯错也会承担下所有责任，即使您做了蠢事，它也从不指责您。
2. 它不会拿别人寻开心，只会愉悦气氛，仅凭它一己之力也能让全家人都很开心。
3. 在刮风天和雨雪天，它会自己到外面方便，不麻烦主人为它跑进跑出。
4. 它吃东西很卫生，不流口水，也不会将食物洒出食盆。
5. 深夜时分，它的呼噜声力度刚好，既不会吵醒您又能安抚您，哄您入睡。
6. 凌晨四点夜间散步归来后，它既不会发出声响，也不会打开灯影响您休息。
7. 玩游戏时，它总能给您许多好建议。
8. 它花不了您多少钱。
9. 它有老虎一样美丽的外形，又比养老虎方便许多。
10. 它喜欢所有电视节目，而且看球赛时也不喝啤酒。

——［法］弗雷德里克·维杜《猫的私人词典》

① 奥利弗·赫尔福德（1863—1935），美国作家、艺术家、插画家，尤善画猫，其两本猫书在欧美近百年来一版再版。

出镜喵星人：（左起）张玲珑 Amy、张东东

猫族从不像人类那样向往那得不到、过不着的生活，折磨自己，折腾他人。乖妈 Amy 连同五个新生猫崽一起被主人遗弃在雨中的京西玲珑公园，闹将东东因女主人备孕而遭嫌弃，因缘际会先后来到张家喵星人与地球人俱乐部后，命运转轨，知足常乐，活在当下，就像智利诗人聂鲁达的诗句那样："猫只想做猫，猫是彻头彻尾的猫，从胡子到尾巴，从预感到活耗子，从黑夜到它金黄的眼。"有着一双火眼金睛的标准橘猫东东应该就是一只美国艺术家奥利弗·赫尔福德笔下的"金猫"吧？

九 猫是知识分子的天然伙伴

好生活是你已经有的生活，猫不会去想不曾拥有的生活。

猫的本性以及我们可以从中学到什么，是这本书的主题。

——［英］约翰·格雷[①]《猫之哲学：猫和生命的意义》

猫教给我们如何享受简单的快乐，如何利用勇气和智谋克服困难，如何随遇而安，如何做到达观淡定，如何从容优雅地度过人生的每一个季节……我们当中的每一个人都从可爱的猫咪身上感受到了上帝的慰藉、上帝的微笑和上帝的博大……我身边的每一只猫都是我的朋友。

——［美］帕特丽夏·米切尔[②]《永远的好朋友——我和我的猫咪》

人们总是出于多种原因同宠物生活在一起——宠物是我们治疗孤独的良药，是带来欢笑的不竭源泉，是矢志不渝的伴侣。那些真正懂得宠物的人也会感激宠物让一个家庭变得完整。不论出于何种原因，与宠物间的感情慢慢滋长，最终产生了宠物这剂良药的“副作用”——这便是爱。

——［美］尼克·特劳特《爱是最好的良药》

猫是知识分子的天然伙伴。

——［法］费尔南·梅里[③]《猫的生命、历史以及魔力》

---

① 约翰·格雷，1951年生，英国当代政治哲学家、思想家，《新政治家》周刊书评人。先后任教于埃塞克斯大学、牛津大学、伦敦政治经济学院、哈佛大学、耶鲁大学等。

② 帕特丽夏·米切尔，美国作家。

③ 费尔南·梅里，法国动物故事作家、兽医。

出镜喵星人：张黑宝

父亲（编注：光孝天皇）给了我一只纯黑的中国猫。它的姿态有如飞在云端的黑龙。

——宇多天皇（867—931）在其现存最古老的天皇日记《宽平御记》中多次提及他养的黑猫，可谓日本最古老的养猫记录。

最喜欢待在一辆猫警车里、最喜欢当一名黑猫警长的我们黑宝就是这样一条黑龙。

据说一万只猫里面才会有一只全黑的猫出现，他们是灵感最强、阳气最重的动物。自古以来在中国文化里，黑猫（玄猫）便被认为通灵之猫，是镇宅去晦、招财进宝的吉祥物：

"玄猫，辟邪之物，易置于南，子孙皆宜。"

仁 义 与 一 世 情

在漫长的历史中，我们从它们当中选出了一些代表，如猫和狗等，来与我们做更亲密的接触，来陪伴我们，使我们孤单的心稍稍得到了一些安慰，生活中的不安也得到了一点缓解。猫与狗的柔顺和勇敢，还有聪慧和忠诚之类，常常让人叹为观止。“它们”是多么浩大繁杂的一个群体，仅仅派出了猫与狗这两个使者、两个灵物，就使人类有了无穷无尽的话题，有了无穷无尽的依恋，还有无穷无尽的故事。它们以完全不同或似曾相识的风度和姿态，赢得了人类的好奇心和同情心，还有发自内心的爱意。可是人类对于动物的暴虐，也往往集中在这两个生灵身上。有人说到了狗，并从自身的经验和观察中得出了一个结论：

“只有人对不起狗，没有狗对不起人。”

——张炜《对不起它们》

出镜喵星人：张圆圆

一　我邻二猫有至性，瑞猫之篇题满车

仁义，天德也。天不独施之于人，凡物之有性识者咸有之，顾所赋有厚薄也。余家有猫曰虪，每与众猫食，常退处于后，俟众猫饱，尽去，然后进食之。有复还者，又退避之。他猫生子多者，虪乃分置其栖，与己子并乳之……家人每得幼猫，辄令虪母之。尝为他猫子搏犬，犬噬之几死，人救获免。及死，余命贮篦中，葬于西园。

——［宋］司马光[①]《猫虪传》

司徒北平王家，猫有生子同日者，其一母死焉。有二子饮于死母，其鸣甚哀。其一方乳其子，若闻之，起而听之，走而救之。衔其一置于其栖，又往如之，反而乳之，若其子然。噫，亦异之大者也。

——［唐］韩愈[②]《猫相乳说》

长公公退忽语我，瑞猫之篇题满车。二雌同时各生子，一雌病僵如卧瓜。一雌端来代其乳，顾睨恳恻呼嚶哑。子众身疲乳亦竭，病母起将新乳加。天寒绣褥更枕藉，日暖花砖群戏拿。我邻二猫有至性，欲脱毛尾升笄珈。北平将门粱肉窟，此事尚得昌黎夸。

——［宋］戴表元[③]《余博士家猫相乳歌》

① 司马光（1019—1086），北宋政治家、史学家、文学家，主持编纂编年体通史《资治通鉴》。历仕仁宗、英宗、神宗、哲宗四朝，官至尚书左仆射兼门下侍郎。《猫虪传》乃司马光为其家义猫“虪”所作之传。

② 韩愈（768—824），唐代文学家、政治家，古文运动倡导者，被后人尊为“唐宋八大家”之首，与柳宗元并称“韩柳”，与柳宗元、欧阳修和苏轼合称“千古文章四大家”，代表作有《韩昌黎集》等。

③ 戴表元（1244—1310），宋末元初文学家。

出镜喵星人："独眼凤"张英子妈妈及其15天大（上图）和27天大（下图）的四个宝宝

"世界你好，我们来啦！"虽然没有一只幼崽长得像自己，"独眼凤"小英子妈妈仍夜以继日哺育着她的三白一黑四个宝宝。宝宝们相继开眼，一天一个样地茁壮成长起来。不久，张家猫窝又迎来一只失母的小奶猫南南，南南总是跟着四个宝宝一起钻到小英子妈妈的怀里吃奶。有足够奶头和奶水的小英子妈妈视如己出，欣然乳之。如今，四个宝宝和南南早已长成了健美的大猫儿，而小英子妈妈却已作古，我和一众猫宝共同怀念这位富有仁义之天德的模范母亲。

二　庭前翠竹千秋节，膝上黄狸一世情

三十年前，他养了一只黄猫，取名博博。“文革”乱起，夏公（编注：夏衍）失去自由，被羁囚八年，博博失去老主人后就四处流浪，不愿回到那凄凉破碎的家，家里人也没心思去寻找。直到 1975 年夏天，夏公从秦城监狱被释放回家，博博不知从哪里得到信息，或者竟是某种心灵感应，忽然间悠悠地回来了，也不知它那几年是怎么活过来的。它径直走到老主人身边，绕了几圈，叫了几声，像是问安，又像是诉苦，而实在却是告别。然后，悄悄地蜷伏到墙角，第二天就安静地停止了呼吸……向夏公告别之日，灵堂内外挂满挽联挽诗，其中一幅为中国小动物保护协会会长芦荻教授所献：“庭前翠竹千秋节，膝上黄狸一世情。”夏公到了另一世界时，博博一定早就等候在那里，依依膝上，一如既往。

——袁鹰[①]《膝上黄狸一世情》

我的宠猫咪咪是十分好客的。每逢有客人来，它就跳上书桌，坐在我和客人之间，这位客人若也是养猫的主儿，咪咪也闻得出来，就和她（他）特别亲热。养猫的主儿，知道怎样使猫舒服，她（他）除了抚摸它的背外，还会挠它的脖子，咪咪就陶醉地一直钻到她（他）怀里去!

我的爱猫的朋友夏衍，还从猫书里给咪咪找出一个比“鞭打绣球”更堂皇的称号，是“挂印拖枪”，说它身上的黑点是“印”，黑尾巴是“枪”。最近又有一位客人，忘了是谁，他说：“咪咪的形象毛色，应该说是‘雪中送炭’。”这样，对于我，简直有恩施的意味。总之，咪咪是越来越神气了。

——冰心[②]《咪咪和客人之间》

① 袁鹰（1924—2023），当代作家、诗人、儿童文学家、散文家，历任《解放日报》文教组组长，《人民日报》文艺部主任，《散文世界》主编。

② 冰心（1900—1999），中国现代作家、诗人、翻译家、社会活动家。历任中国作协名誉主席、中国文联副主席等职。冰心过世后爱猫咪咪哀伤不已，不久也追随老人而去。

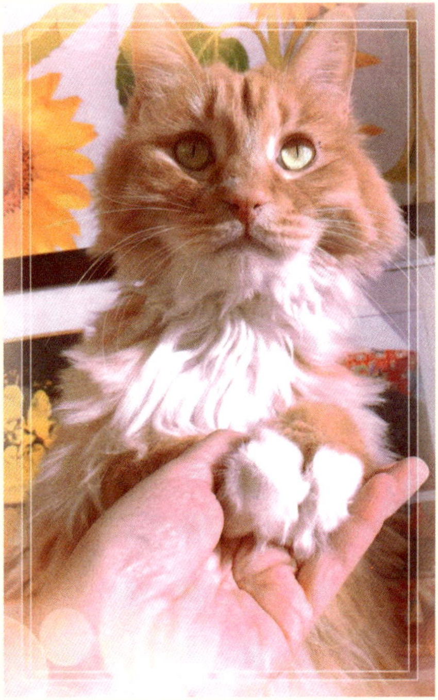

出镜喵星人：张湾湾

小橘猫杜威（Dewey）是一只感动了世界的美国小镇图书馆猫。馆长 Vicki 收养了他并把他的故事写成了全球畅销书《小猫杜威》，杜威“用热情、温暖、谦虚和敏锐的第六感感动和吸引着小镇居民，从一个小镇传到另一个小镇，从一个国家传到另一个国家，最终闻名世界”。我们张家喵星人俱乐部的橘猫湾湾不仅长得像杜威，就连其生而温暖人心的性情也相似不已。他虽然不似斯潘塞小镇图书馆馆猫杜威和张家网红三脚飞猫 Lucky99 那样奢侈地拥有一本自传，但我与众猫合著之《那些刻在我们心上的爪印》一书里自有其一章图文。16 岁的湾湾于 2020 年的大年初一晚上突患重疾送医急救，术后行走时平衡感虽略欠佳却已无大碍，谢天谢地。今常见其歪着小脑袋信步而行，煞是呆萌。

三　这里有令人感动的超乎物质的美存在

我感觉着，我深切的感觉着：我接触着了自然的最美的一面。

这里有令人感动的超乎物质的美存在。

我真禁不住要对残忍无耻的两脚兽提出抗议。盗取别人的猫已经是罪恶，对于无抵抗的小动物加以这样无情的虐待，更是使人愤恨。

——郭沫若①《小麻猫的归去来》

只一伸手，这一团毛茸茸的大白绒球，就软软地扑到他的胸前。明子紧紧地抱住它，不知道为什么，双眼忽然模糊了起来……

——冰心《明子与咪子》

可怜的玳瑁，它比我们还爱父亲！

我希望能再见到和父亲的灵魂永久同在着的玳瑁。

——王鲁彦②《父亲的玳瑁》

---

① 郭沫若（1892—1978），现代文学家、历史学家、古文字学家、翻译家、中国新诗奠基人之一，中国马克思主义史学的杰出代表。新中国成立后历任政务院副总理、中国科学院院长、中国文联主席、全国人大常务委员会副委员长等职，并当选中共中央委员。著作大部收于《郭沫若全集》（38 卷）中。

② 王鲁彦（1901—1944），现代作家、翻译家。代表作有短篇小说集《柚子》《黄金》等，长篇小说《野火》（《愤怒的乡村》）、《童年的悲哀》等。

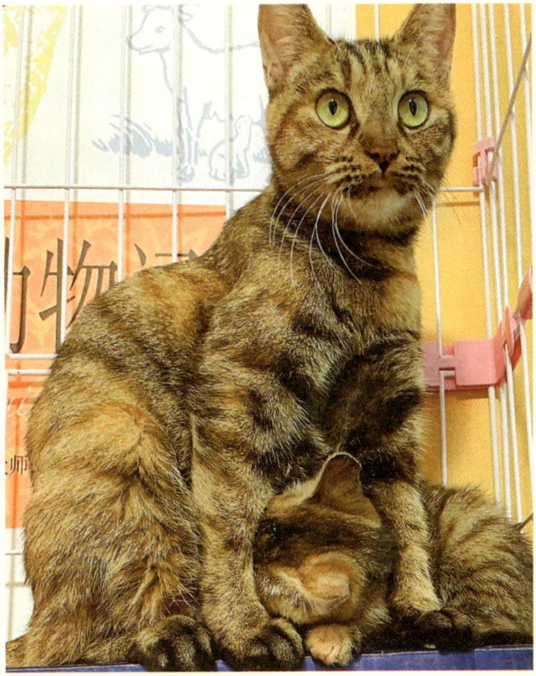

出镜喵星人：玳瑁妈妈和正在吃奶的闺女虎妞妞

“竖瞳迅金，文毛璨斑”的玳瑁妈妈和她的五个刚满月的孩子是一举进入张家猫窝的——这后面自有非如此不可的缘由。跟其他猫妈妈一样，玳瑁妈妈不舍昼夜地哺育着她的孩子们。刚来时，她们一家住在一个专为她们而紧急添置的双层“猫别墅”里（如图），方便初来乍到的她安心哺育孩子们而不被好奇的原住民们打扰。“猫别墅”的背景是《动物记》一书的封面，羊妈妈哺乳羊宝宝一图来自《护生画集》，与前景中的玳瑁妈妈乳女图如出一辙。我主编的散文集《果然万物生光辉——动物记 2020》里收入了郭沫若先生的经典散文《小麻猫的归去来》，初读该文时我的脑海里立即浮现出我收养过的几只小麻猫，其中，携儿带女而来的玳瑁妈妈和其女虎妞妞最符合该文主角“小麻猫”的形象。

四　我们对不起它们

身为人类，就应该担负起人类伟大的义务，将充满苦难、谎言的世界，变成值得生存的世界。每当想到世间的种种苦难，我们不禁扪心自问：这样的世界值得继续存在吗？有些人找出各种借口，残忍对待其他众生，欺凌邻居、虐待动物，这样的人是何等可怕啊！

人类正逐渐被自己的生活方式推向毁灭之路。这代表我们该改变生活方式了。

——［斯洛文尼亚］雅奈兹·德尔诺夫舍克[①]

慈善之心是一视同仁的。设若有人因为自己碰巧生而为人就认为只应对人保持同情，而愤愤于别人对其他动物保持同情，则其人之心必然小于针头。

——［英］大卫·休谟[②]

对不能说话的动物残忍是低贱和卑劣心灵的显著缺陷。无论在哪里发现，它都是无知和卑鄙的确定标志，是任何外在的优越条件如财富、显赫、高贵等都无法抹杀的标志。它与博学和真正的斯文都不沾边。

——［英］威廉·琼斯爵士[③]

① 雅奈兹·德尔诺夫舍克（1950—2008），斯洛文尼亚政治家，曾先后担任总理和总统。著有《生命与意识的省思》一书，影响深远。

② 大卫·休谟（1711—1776），十八世纪英国哲学家、历史学家、经济学家，被视为苏格兰启蒙运动以及西方哲学历史中最重要的人物之一。

③ 威廉·琼斯爵士（1746—1794），英国东方学家、语言学家、法学家。

出镜喵星人：Lucky99 张九九；出镜汪星人：Coby 余生

这么说吧，凡是见过 Lucky99 的狗狗没有一只不喜欢她的。她倒也喜欢他们，但因为他们对她热情万丈，一见面便兴奋得又吠、又舔、又扑、又抱，吓得她全身直哆嗦，好家伙！尤其是那个明星导盲犬、又大又黑的拉布拉多犬珍妮！据珍妮妈妈、盲人钢琴调律师陈燕说，珍妮喜欢猫，而最喜欢的猫就要数 Lucky99 了。所言不虚。我带着 Lucky99，陈燕带着珍妮，我们一猫一犬二人一起到清华大学、日坛中学和第二实验小学等大中小学举办过多场动物保护的演讲会。Lucky99 在台上从不怯场，边听我代她用地球人语发言，边淡定地打量着台下的听众或闭目修行，但一到拍照环节就超级紧张，结果便是，她和珍妮连一张好合影也没拍成……

此图是 Lucky99 与狗狗的唯一“床照”。图中的超萌幼犬名叫 Coby 余生——“余生”是我给他起的中文名，听了他的来历您一走会投赞成票的——他是志愿者从广西玉林一家狗肉馆门口的铁笼中抢救出来的！没错，“玉林狗肉节”期间，食狗族们不仅吃成年狗，还专吃小奶狗，据说小奶狗肉质细嫩鲜美，余生的兄弟就被人指着笼子给“点”中了，被店老板用一把巨无霸大铁钳卡住脖子从铁笼中夹出来，直接送到后厨当场宰烹上桌进肚……余生好幸运，不仅在关键时刻获救，还被带到北京办理出境手续——他被大洋彼岸的一户好人家领养了，合影拍摄次日即将飞赴新家，开启全新犬生。小余生，你一定要幸福啊！你一定会幸福哒！Lucky99 姐姐看好和祝福你哦！虽然我们今生注定只能相会这一次，这一期一会，这一生一会。

五　猫是文明程度最奇妙的“指示器”之一

只有懂猫，一个人才算得上是个文明人。

——［爱］萧伯纳[①]

猫是文明程度最奇妙的“指示器”之一。请告诉我你怎样看待猫，我就能说出你的为人、你的所思所想、你相信什么以及你所生活世界的真正价值。

——［法］弗雷德里克·维杜

一个揪猫尾巴的人会得到以其他方式无法得到的教训。

——［美］马克·吐温

如果你可耻地虐待了猫一次，那它以后就会对你保持一种端庄的保留姿态，你将永远无法再次得到它的信任。

——［英］约翰·布拉德肖《猫的秘密——喵星人完全指南》

① 萧伯纳（1856—1950），爱尔兰剧作家，因作品具有理想主义和人道主义精神而获1925年诺贝尔文学奖。他是现代杰出的现实主义戏剧作家，一生创作了52部戏剧，代表作有《圣女贞德》《卖花女》《伤心之家》《华伦夫人的职业》等。

出镜喵星人：张大宝（前）、张四宝（后）

在所有张家喵星人中，唯一一个把宝宝生在家里的就是“独眼凤”小英子妈妈，她的四个宝宝因而也成为张家最幸福的猫宝宝，从未品尝过“天当被来地当床，垃圾剩饭当干粮。风霜刀剑严相逼，生离死别两茫茫”的流浪滋味。他们当中，大宝十几天大时因生而双前肢残疾被我带去看过动物骨科专家，二宝三岁时因急性胰腺炎去医院输过几天液，三宝、四宝则除绝育手术外从未离家半步。四个孩子安静而亲密，总是或近或远地围绕在我身旁，使我得以零距离观察与记录他们生命中的每一个重要时刻与精彩瞬间。

六　本来是一物，色改爱遂迁

黑花一衔蝉，畜之今几年。捕攫奔走捷，巧黠乃其天。一脔亦割啗，分与眠席眠。迩来主人出，出久厨无烟。罄室鼠辈少，时得聊自延。不就邻妇呼，宁饥肯垂涎。夜寒身无栖，灶窟恬余暄。灰染突尘涴，毛色非旧鲜。主人来归初，绕室如诉冤。旁人固不解，主人当知怜。云何云可恶，恶彼身挛拳。依随行坐闲，呵叱加笞鞭。不念昔可爱，惟恶今非前。本来是一物，色改爱遂迁。吁嗟乎猫乎，岂独于猫然。人于夫妇闲，情义亦罕全……

——［宋］陈著[①]《怜猫示内》

小猫咪对幸福生活的祈愿：再没有手对她又捏又抓 / 在她瞌睡时把她的毛皮摩擦 / 再没有从桶里泼来的冷水 / 也没有人揪住她的尾巴……

——［美］奥利弗·赫尔福德《爱思考的猫》

看到虐猫虐狗的新闻就觉得难过，而且经常发生，文明社会应该引以为耻。猫狗等动物，无需我们的溺爱，需要的是尊重，一种对生命的尊重。生命是互相依存的，不尊重其他动物，很难说会尊重人，会尊重大自然，会真正感受到生活的周全与愉悦。

——西西[②]

作为主人的义务就是尽量不让猫咪有痛苦的回忆。这样才能从内心发出希望爱猫永远健康的呼唤。

——［日］野泽延行《猫语教科书》

---

① 陈著（1214—1297），宋朝诗人。

② 西西，1938 年生，中国香港作家、诗人。

出镜喵星人：张国庆与貌似自己的好朋友、猫砂盒上的盒美喵

谁是国庆同学最好的朋友？说出来别不信，是一只静居于西阳台数年之久的猫砂盒上的美喵！国庆几乎无日不来看望这位盒美喵，先伸出毛茸茸的爪儿摸摸好友的脸，问候道："盒子妹妹，你今天可好？"然后紧挨着好友坐下或躺下，心意相通的他们随即开始无声地窃窃私语，于是有了上面的一幕。

七 动物的泪是圣洁的泪

直到这时，我才发现，是我们对它太冷酷了，它在我们家活了一生，我们还是怕它就在我们家里终结生命，总是盼着它自己在生命的最后时刻，能够自己走开，无论是走到哪里，也比留在我们家强。最先我们还以为是它不肯走，怕它要向我们索要最后的温暖，但是我们把它估计错了，它只是在等着我们最后的送别；而在它发现我们已经感知到它要离开我们的时候，它只是留下了一滴泪，然后就悄无声息地走了，走到不知什么地方去了……

动物的泪是圣洁的，它们从不向人类索求回报……我看到过动物的泪，那是一种比金属还要沉重的泪，那更是使我们这个世界变得辉煌的泪；那是沉重的泪，更是来自生命深处的泪，那是我终身都不会忘记的泪啊！

——林希①《泪的重量》

陪伴我十年之久的吉住太死在一个春色明媚的早晨。猫的上帝啊，请保佑我家这只笨猫顺利渡过三途川吧！虽然它是一只连爬高都爬不好的笨猫，虽然这十年来它连大便都要人帮忙，但是，它真的是一只好猫，真的给我带来莫大的幸福。

——［日］东良美季②《猫的上帝》

愿九泉之下再无闪电雷鸣。

——［日］夏目漱石（这是作家黯然提笔为其代表作《我是猫》的原型猫、一只“全身偏黑的灰色中带些虎斑纹、乍一看很像黑猫”的家猫写下的墓志铭）

---

① 林希，1935年生，作家、诗人，出版多部诗集、长篇小说、中篇小说，代表作有《小的儿》《婢女春红》等，获第一届鲁迅文学奖等多种奖项。

② 东良美季，1958年生，编辑、导演、作家。

出镜喵星人：张英子

英国短毛猫小英子被前主人打瞎了左眼，获救时左眼浑浊病变，那不忍直视的滴滴分泌物不是浊泪又是什么？惊魂未定的她被我火速送医，却因为时已晚而不得不摘除了眼球……待她终于从噩梦中康复，又因一个美丽的“失误”在张家猫窝诞下了四个宝宝。四宝今已近八岁，健康快乐地安享静好岁月，而他们的小英子妈妈却早在孩子们刚满周岁时便已回归了喵星球，用她那异常明亮的右眼关注着她的宝贝们。

读到潇潇猫的《一生一世——养猫大事》：我们任何一次与猫相遇，抱起的都是它的一生。这种一生一世的意义，足以媲美人类爱情的承诺。

是的，一个承诺，一项“我们生存中最大的幸福工程”（作家张炜语）。

八 动物的爱、希望和恐惧与人类没有两样

千万不要忘了现在有成千上万只猫咪正在世界各地喵喵地叫着，向你们寄托着它们的希望与信赖。

——［美］威廉·巴勒斯[①]《猫的内心》

只要人拿着刀或枪，毁灭那些比他自己弱小的生命，就不会有正义。

——［美］艾萨克·巴什维斯·辛格[②]

恻隐之心，要从善待动物做起。只有当所有人都不再忍心虐待动物时，人与人之间的和谐关系才能够真正建立起来。

——易中天[③]

人类的爱、希望和恐惧与动物没有什么两样，他们就像阳光，出于同源，落于同地。

——［美］约翰·缪尔[④]

---

① 威廉·巴勒斯（1914—1997），美国作家，与艾伦·金斯伯格及杰克·凯鲁亚克同为“垮掉的一代”文学运动的创始者，著有《裸体午餐》等代表作。

② 艾萨克·巴什维斯·辛格（1904—1991），美国作家、诺贝尔文学奖获得者。

③ 易中天，1947年生，作家、学者、教育家。

④ 约翰·缪尔（1838—1914），美国自然保护人士、作家、地质学家，是美国自然保护运动的杰出代表，也是世界自然保护者的旗帜，在全球自然保护领域有着巨大的影响力。作品充满浪漫主义情怀，传达出善待自然的声音。

出镜喵星人：张小望

有一天，与友人在大望路站同乘地铁 1 号线时我笑言：万一再收养一只小猫咪就取名“小望”，长大后改为“大望”。话音未落，“小望”应声从天而降，且长势喜人，出落得羽翼丰满，天生的美喵模特儿，该叫大望了。身为一名小胖妞却酷爱健身运动，第一是十米冲刺单猫赛跑，到终点了四爪却在地板上打滑收不住；第二是我的世界爬高高，三下五除二顺着猫爬架登顶喵峰，至高无上俯视众生的感觉妙极了。十七世纪英国诗人约翰·德纳姆爵士说吻黑猫变胖、吻白猫变瘦，吻小望这样的狸猫变得不胖也不瘦？

九 对你所驯养的宠物你永远有一份责任

对你所驯养的宠物，你永远有一份责任。

——［法］安托万·德·圣埃克苏佩里[①]《小王子》

如果你爱我，请爱全部的我，不只是明媚的我，或者是阴暗的我；如果你爱我，请爱黑白的我，灰色的我，绿色的我，金黄的我，棕色的我，爱白天的我，爱晚上的我，以及黎明前倚在窗口的我；如果你爱我，请不要爱部分的我，爱全部的我；否则请不要爱我。

——［古巴］杜尔采·玛利亚·洛伊纳茨[②]《请爱全部的我》

从天地人三者之间的生存伦理来看，能够与动物产生深刻情感的人，才算得上是健全和自然的人。

——张炜

伦理不仅与人而且也与动物有关。动物和我们一样渴求幸福、承受痛苦和畏惧死亡。如果我们只是关心人与人之间的关系，那么我们就不会真正变得文明起来，真正重要的是人与所有生命之间的关系。

——［德］阿尔伯特·史怀哲

① 安托万·德·圣埃克苏佩里（1900—1944），法国作家、飞行员。其作品主要描述飞行员生活，代表作有小说《夜航》、散文集《人的大地》《空军飞行员》、童话《小王子》等。《小王子》从1943年发表以来，已被译成一百多种文字，销售量高达三千余万册，并数次被拍成电影、搬上舞台。

② 杜尔采·玛利亚·洛伊纳茨（1902—1997），古巴女诗人。

出镜喵星人：张霸王花与其闺女张芳芳

小王子与他的那只小狐狸和那朵玫瑰花之间的“驯化”或“驯养”关系其实是指“建立感情联系”，一种专属的、纯粹的、一生一世的相互驯养，赋予彼此生命以特殊意义。我们与那些走进我们生命中的动物们之间又何尝不是如此？一旦选择，不离不弃，负责到底。何况谁又能说得清究竟是谁救了谁呢？也许更大程度上是在相互拯救中完成了自我救赎。霸王花小妈妈被黑仓库老板娘拴在与她的三个幼崽可望而不可及之处，为给嗷嗷待哺的娃儿们喂奶，她不惜冒着脖子被绳子勒破甚至勒断的风险，这样的母爱难道称不上感天动地吗？获救时其颈部皮毛几乎被磨光，绳痕深深深几许，数月后方渐被新毛覆盖……

作 家 与 缪 斯 猫

最让我心烦的是，它偏偏看上了我桌子上的稿纸。我正写着什么文章，然而它却根本不管这一套，跳上去，屁股往下一蹲，一泡猫尿流在上面，还闪着微弱的光。说我不急，那不是真的。我心里真急，但是，我谨遵我的一条戒律：决不打小猫一掌，在任何情况之下，也不打它。此时，我赶快把稿纸拿起来，抖掉上面的猫尿，等它自己干。心里又好气，又好笑，真是哭笑不得。家人对我的嘲笑，我置若罔闻，“全等秋风过耳边”。

——季羡林《老猫》

出镜喵星人：张龟龟

一 猫也望着作家，它同情他

猫也望着作家。它同情他。可能在它自己选择的孤独和沉默中，猫认为作家和其他人相比算是更值得交往的。它可能还会想到，自己曾经也处在他的位置上。如今，它满足于自己的命运，惬意地打着呼噜。

我是不写作的，猫喜欢这样提醒他，我在你的灯下或电脑旁取暖，我在你的纸张上打盹儿，我打着呼噜享受每一刻时光，我沉思冥想并且把心思都藏在心底，我不要累死累活地把什么都传达出来、证明出来。我是瞬间，也是蜷缩在当下真实而纯粹欢愉中的永恒。

——［法］弗雷德里克·维杜

猫经常会呈现出自相矛盾的不同形象，它们与人类如此亲密，但同时他们独立矜持的性格又使得它们与人类始终保持距离，这些表现激发了文学家和艺术家的灵感，使他们创作出具有惊人创造力的想象之作。我们现在把猫看得跟人差不多，作家可以把猫描绘成人类最好的朋友，可以分析他们喜爱的猫的性格，还可以令人信服地演绎猫的所思所想。

——［英］凯瑟琳·M. 罗杰斯《猫咪简史》

反观猫的个性，却独立、自由而优雅。猫健壮、足智多谋、气质高贵，并且有强烈的自尊……若想在小说里恰如其分地塑造猫的形象，作家对这炉火旁的斯芬克斯非但要足够熟悉，更必须怀有深深的爱意。但即便做到了上述两点，小说家在创作时仍有不少困难，作家设计的场景，要能让猫与人的心理活动互相交汇才行。

——［美］卡尔·范维克滕[①]《屋顶上的猫大人》

① 卡尔·范维克滕（1880—1964），美国作家、摄影家。

出镜喵星人：张来福

有猫在，每一个瞬间都是神奇的，其安静的陪伴是一种赋能于人的力量。

来福时常背对着电脑端坐良久，老僧入定般沉思冥想。有时她则惯于案前或书架上，“终日憨卧，喃喃呐呐，若宣佛号。或曰：‘此念佛猫也。’名曰佛奴”。清代书法家兼诗人梁同书所描摹的正合来福情状。古人喜在所爱之人或之物前加一“奴”字，“狸奴”即猫儿之昵称也，约等于今日之“猫咪”吧。当念佛猫、佛奴来福稳坐于电脑之前时，须甜言蜜语央其借光移步，是否开恩另觅他处继续修行则端视其心情。

二　有书，有猫，生活多美好！

猫对离群索居的作家来说最合适不过了。朋友们，如果你希望成为一名心理小说家，能准确描写人类特征，那最好的办法就是养一对猫。

——［英］阿道司・赫胥黎[①]

我时常渴望能找到那些像我一样不能与时间同步的人，但总是渺茫难寻；不过我发现猫咪似乎和我的境况相似，还有书，它们也常被时间遗忘。

——［阿根廷］胡里奥・科塔萨尔[②]《八十个世界一日游》

猫与作家配合得天衣无缝……你们看，我是一位作家，因为我跟猫生活在一起！

在每个作家都必须面对的孤独和沉默中，只有猫能够从中找到一席之地，并在某种意义上陪伴他缓慢地写作；只有猫能成为与世隔绝的那个人的同谋或伙伴；对他来说，只有猫才能扮演必不可少的守夜人和批评家的角色。

——［法］弗雷德里克・维杜怀念走进其生命中的第一只爱猫莫谢特

（猫儿们）守着作家坐在桌子上，跟随作家的思绪，从那金色瞳孔的深处凝视着他——这双眼睛带着善解人意的友爱和不可思议的洞察力。

——［英］凯瑟琳・M. 罗杰斯《猫咪简史》

① 阿道司・赫胥黎（1894—1963），英国作家，以小说和大量散文作品闻名于世，著有长篇小说《美丽新世界》等五十多部小说、诗歌、哲学著作、游记等作品。

② 胡里奥・科塔萨尔（1914—1984），作家、教师、翻译家。“拉丁美洲文学爆炸”中最具代表性的文学主将，曾获梅第奇奖，代表作有《跳房子》《动物寓言集》等。

出镜喵星人：（从左上至右下）芳芳、二宝、黑宝；黑宝、圆圆、三宝、菩提、九九

“有书，有猫，生活多美好！”美国传奇插画家爱德华·戈里家有逾两万五千万册书和七只猫。“猫带给我很多陪伴和慰藉”，他在遗嘱中申明作品版税用于支持动物保护事业。

书架上方可真是个好去处，足堪从容俯视芸芸众猫及以我为代表的两脚兽地球人。一根古人诗画中的“红丝标杖”（见清代吴焯诗作《雪狮儿》与唐代周昉画作《簪花仕女图》等），相当于今之逗猫杆，会吸引更多猫儿跳上书架顶层嬉戏。

三　在稿纸上踩印几朵小梅花

它要是高兴，能比谁都温柔可亲：用身子蹭你的腿，把脖子伸出来让你给它抓痒，或是在你写作的时候，跳上桌来，在稿纸上踩印几朵小梅花。它还会丰富多腔地叫唤，长短不同，粗细各异，变化多端。在不叫的时候，它还会时咕噜咕噜地给自己解闷。这可都凭它的高兴。它要是不高兴啊，无论谁说多少好话，它也一声不出。

——老舍[①]《我们家的猫》

“大不点儿”见屋里亮着灯，就悄悄走进来，将身子蜷在先生的双腿盘曲处，发出惬意的呼噜声。原打算去就寝的先生见爱猫睡得香甜，不忍吵醒它，便保持坐姿，不多时吟出一首和歌：“夜半猫枕膝，寒宵闻天籁。”

——［日］佐藤春夫[②]《猫与老婆婆》

猫能成为很好的镇纸。一只充当作家的缪斯角色的小猫开始可能还把钢笔或铅笔当成玩具，但它很快意识到自己是作家灵感的源泉，也是其困惑的温柔倾听者。

——［英］霍华德·洛克斯顿（英国作家、科学家，著有多部科学人文类作品）

穹窿似的时间庇护着我们，我们像我们的两只猫，奥丁和贝珀，进入篮子和柜子那样进入时间，同样天真无邪，同样好奇，急切地想发现秘密。

——［阿根廷］博尔赫斯《地图册》后记

① 老舍（1899—1966），现代小说家、剧作家、语言大师，新中国第一位获得“人民艺术家”称号的作家。享誉世界的代表作有小说《骆驼祥子》《四世同堂》、话剧《茶馆》《龙须沟》等多部。从其早期散文《猫》到后期作品《我们家的猫》，明显可见其由恶猫到爱猫的彻底转变。

② 佐藤春夫（1892—1964），日本诗人、小说家、评论家。

出镜喵星人：张花儿、张斑斑

“舍我其谁？我来也！”无论啥事儿，老当益壮的花儿与正当盛年的斑斑都喜欢像那位衔玉而诞的富贵公子贾宝玉一样无事忙瞎掺和，写字儿这事儿自然也不例外。这二位既喜欢假模假式地用笔乱写乱画，也喜欢把毛笔上的墨汁沾在雪白爪子上乱涂乱抹，玩儿累了就枕着毛笔大睡一觉——喵星人作家梦正酣。壬寅年仲春时节开启我长路漫漫的学书之旅后才发现，猫不仅与月、与花百搭，猫与书法也堪称绝配——从形式到内容。

与老舍、季羡林等大师相同的是，猫爪印也留在了哲学家金岳霖正在撰写回忆录的稿纸上，他戏称这是“首都六月落梅花”。就连苏东坡不是也曾有诗云“泥上偶然留指爪，鸿飞那复计东西”吗？猫生到处，飞鸿雪泥。

四　它使我感到我所写的东西就像受到抚摸的猫背

图腾：大克罗诺皮奥曾选择猫做自己的图腾，其他的克罗诺皮奥也一定会同意。此时在你手中，下一秒钟就可能溜走的这一本是猫一样的书，顽皮、灵巧，充满好奇心，有时严肃得有点好笑，还带有一点点神秘……

摇摆：如果我想表达的东西具有足够的力量，那么马上机会出现摇摆。这种有节奏的摇摆把我从表面拉出来，照亮了一切……于是就出现了句子、段落、纸页、章节，以致一本书……这摇摆于是对我工作的唯一补偿，它使我感到我所写的东西就像受到抚摸的猫背，一摸就逆出火光，一摸它就弓身。

——[阿根廷] 胡里奥・科塔萨尔《克罗诺皮奥与法玛的故事》

猫是唯一能返回的箭。它有箭的耳朵和箭的速度，但却不会留在靶心，而是带着全世界的文字回来，都写在它轻盈的背上，女沙皇的眸子里……没有任何动物，东西，书本，女人，旅行能概括人类的历史，像一只射向世界的猫那样。

——[西] 弗朗西斯科・翁布拉尔

对我来说，与一只动物心灵相通，简直是世间最美妙的感受之一。“抚摸”一直是我表达对动物的喜爱及尊重的方式。你能给予动物的最好的礼物，就是尊重它的天性。

——[美] 特蕾西・斯图尔特[①]《动物如友邻——生而为人的自我修养》

① 特蕾西・斯图尔特，设计师和前兽医职业技师。除丈夫与两个孩子，其余家庭成员都是领养的。

出镜喵星人：（左上）张美美、张黑妮，（右下）张斑斑、张祥子

“受到抚摸的猫背”应该就是这样的吧？斑斑和祥子的背是我时常抚摸的，年轻的肌体充满了弹性和张力，光滑无比，手感极佳。皮毛的颜色和花纹若不是一件无法复制的天然艺术品又是什么？他们自然也很享受这样的抚摸，很快发出惬意的呼噜声，希望我这个御用按摩师不要分心、分手去拍什么劳什子照片，希望这按摩如永动机般无休无止……

五　猫扮演着知己、灵感缪斯和精神分析师的角色

在任何国家，爱猫的作家都数不胜数。许多法国作家都赞美过他们的猫朋友。除了特奥菲尔·戈蒂埃，还有法国作家大仲马，他曾和好友、小说家莫泊桑，阿纳托尔·法朗士以及爱猫成痴的诗人波德莱尔一起组成了猫咪保护组织。

猫儿不喜欢别人来烦它，但它更讨厌完全被忽略。专心抚摸小猫能让作家不致过于劳累，还能减轻压力，也让缪斯猫老实地呆在原处。

——［英］霍华德·洛克斯顿《猫：九十九条命——历史、传说和文学中的猫》

对于一个作家、哲学家或是修道士来说，猫扮演着一个知己、灵感缪斯和精神分析师的角色。它身上散发出的那种宁静，比任何疗法都有效；它目光中投射出的神秘的肃穆，是最神奇的精神疗法。它们喜爱的卧姿似乎是得了斯芬克斯的真传；它们迈着天鹅绒般柔软的脚步，像守护神般地在家宅里漫步，或坐到靠近作家的桌子上来，伴着他的思想，从它们那散着金色的瞳孔深处望着他。

——［法］弗雷德里克·马特尔①

我希望能写出神秘如猫的作品。

——［美］埃德加·爱伦·坡②

---

① 弗雷德里克·马特尔，法国学者、作家、记者、外交官，现任法国国家视听研究所研究员，其观点对现行法国文化政策具有重大影响。

② 埃德加·爱伦·坡（1809—1849），十九世纪美国诗人、小说家和文学评论家，代表作有《黑猫》《厄舍府的倒塌》《乌鸦》等。

出镜喵星人：张国庆

“惊奇唤醒爱情，一个动人的思想，一只穿天鹅绒的猫。”随着与喵星人朝夕相处的年深日久，我对猫族的了解、喜爱、敬重也与日俱增。他们不消多费力气就“驯服”了我，“收养”了我，所用便是国庆这样的眼神、表情、体态、胖胳膊、小短腿儿，外加催眠语般高低不等的呼噜声。国庆迁回喵星球后的五百来个日夜中，每当想他，我最常凝视的便是此图，仿佛他仍有温度和气息，仍在积极发挥“重在掺和”的喵星人奥运精神，在我的工作台上任意溜达、捣乱、撒娇、求抱、求挠头、求对视，严禁忽略与分神……

六 它用尾巴擦掉了我的诗句

当我写作的时候，它在我的桌上走来走去，用尾巴擦掉了我的诗句。

——[法]斯特凡·马拉美①

我或许需要提一下，秘书是一只黑色的波斯猫，14岁。我说她是秘书是因为自打我开始写作，她就一直陪着我，总是坐在我想用的纸上，或是我要开始修改的稿子上，有时靠在打字机上，有时就在书桌的一个角落安静地望向窗外，好像在说："兄弟，你做的事简直就是在浪费我的时间"，"你的水平可远不止这样"。

——[美]雷蒙德·钱德勒②

一天的工作结束后，夜里，我把猫放在膝盖上，一边啜几口啤酒，一边写起了我的第一篇小说，这至今都是美好的回忆。猫显然不喜欢我写小说，经常在书桌上破坏我的手稿。

——[日]村上春树

① 斯特凡·马拉美（1842—1898），十九世纪法国象征主义诗人、文学评论家。他在家中举办的诗歌沙龙成为当时法国文化界最著名的沙龙。

② 雷蒙德·钱德勒（1888—1959），美国推理小说作家，电影编剧，对现代推理小说有深远影响，并与享誉世界的电影艺术大师希区柯克等导演一起开创了好莱坞的"黑色电影"。他也是世界文学史上唯一一位以侦探小说步入经典文学殿堂的作家。代表作有《湖中女子》《漫长的告别》等。

出镜喵星人：Lucky99 张九九

2013 年 10 月 13 日，在小区售卖蔬果的一对河南籍夫妇如约带来一只在京郊被小货车轧伤的小流浪猫。当时只道是寻常救助，岂知这个又伤、又瘦、又脏的小可怜与我竟缘深如许。适逢九九重阳，我为她取中文名张九九，英文名 Lucky，后因友人笔误而成著名的“Lucky99”。经两次大手术，骨盆修复，右腿高位截肢——少条腿也不妨碍她迅速成为一只跑得飞快的“三脚飞猫”。这样一只出生不满三个月、体重不足三斤半便遭遇严重车祸却自强不息、感恩惜福的小流浪猫，带给无数人勇气、信心、慰藉与快乐，果如新西兰“动物守护神”“金椒妈”所说“人见人爱、花见花开”啊！天降大任于斯猫也。康复后，我带着她去大中小学讲她的故事，人们为她拍摄了公益广告片《中国励志猫 Lucky99》，高校动保联盟举办“Lucky99 关爱身边流浪动物微摄影大赛”，我们合著《我是 Lucky99——治愈系萌猫自传》，开通微信公众号“励志猫 Lucky99 的喵日志”……

七　我的猫是一个诗人

我敢说，我不迟疑的替她说，她是在全神的看，在欣赏，在惊奇这室内新来的奇妙——火的光在她的眼里闪动，热在她的身上流布，如同一个诗人在静观一个秋林的晚照。我的猫，这一晌至少，是一个诗人，一个纯粹的诗人。

——徐志摩[①]《我的猫，一个诗人》

狮子蜷伏在我的背后，/ 软绵绵的他总不肯走。/ 我正要推他下去，/ 忽然想起了死去的朋友。/ 一只手拍着打呼的猫，/ 两滴眼泪湿了衣袖："狮子，你好好地睡罢，你也失掉了一个好朋友……"

——胡适[②]《狮子——悼志摩》

世界上好诗无非猫诗。不是写猫的诗，就是猫一般的诗。

——范晔[③]《诗人的迟暮》

① 徐志摩（1897—1931），现代诗人、散文家。著有《再别康桥》《翡冷翠的一夜》等新月派代表诗作，曾任北京大学教授。

② 胡适（1891—1962），现代思想家、文学家、哲学家。以倡导白话文、领导新文化运动闻名于世。其白话诗是现代文学史上第一批新诗。抗战时期曾出任中华民国驻美大使。曾获诺贝尔文学奖提名。1946—1948 年任北京大学校长。1957 年始任台湾地区"中央研究院"院长。一生学术活动主要在文学、哲学、史学、考据学、教育学、红学几个方面。"狮子"是徐志摩住在胡家时最喜欢的猫。

③ 范晔，生于 1977 年，任教于北京大学西葡语系，西班牙语语言文学博士，马尔克斯授权版、中文正式版《百年孤独》译者，还译有多位西语诗人、作家的作品。

出镜喵星人：张灵灵

在我看来，与2022年北京冬奥会双料冠军谷爱凌收养并带回美国的流浪猫一样，同样来自上海、高雅孤傲的张家原住民张灵灵就是一个十足的喵诗人和喵歌者。她用她的朝夕相伴和恬淡清幽为我们共度的十七年美好时光谱写了一曲美而无伤的生命之歌。我相信，徐志摩先生九泉有知，一定会对我以灵灵的小照配他心爱的诗人猫诗表示激赏。

猫儿是什么？正像我翻译的一首同名英文诗：柔情的眼儿阅尽世间百态／温软的爪儿轻触你的心底／小呼噜是“平安无事”的信号／传递出语言无法表达的爱意／以不失骄傲的优雅姿态／在身边安静地陪伴着我们／友谊日益增长历久弥新／无怪乎我们如此地爱他们。

八　写作也是我的猫

当我被各式各样的强权蹂躏之后，我就看着我的某只或好几只猫。它们一共有九只。我看着它们当中在睡觉或半睡半醒的某只，然后我就会感到放松。写作也是我的猫。写作使我冷静下来面对写作本身。至少是冷静一段时间。之后我便又会发现哪里不对劲，于是我又得重新来上一遍。我无法理解那些决定停止写作的作家。（没有猫）他们该如何让自己冷静下来呢？

——［美］查尔斯·布考斯基《关于猫——布考斯基诗文集》

有时，你蹑手蹑脚地走过我的书房，像一个夜晚在军营逡巡的统帅，但你的脚步悄无声息……有时，好象是整个宇宙都在寂静，突然之间，一摞书，从书柜上哗拉拉地滑落下来，然后，宇宙重新寂静，你一定躲在书柜的某个角落，静静的窥视着我。我有时会大吼一声，你以为我看到了你。在书柜的某个角落，又是一阵急促的响动，然后宇宙重新归于寂静……你发疯时，我的书房就是你的战场，无数个伟人的名字受到了你的小脚丫的践踏，爱伦·坡在你的脚下愁眉苦脸，昆德拉在你脚下沉思，狄金森在你脚下叹息，史蒂文森在你脚下成为化身博士，还有我，透过那蓝色的书皮，望着你瘦瘦的小脚丫。

我看不见你，但我能感觉到你的一切。

——［阿根廷］博尔赫斯

猫做事情绝不会半途而废，例如，当主人从外面回来时它们就会变得超级亲热。当这一场景发生时，我们还是放下我们手中的事情比较好，因为它们会走过你正在书写的纸张，在你的脸上或手上蹭来蹭去；或者它们会跳上你的肩膀，介入你与正在阅读的书籍之间，在书上打滚，伸伸懒腰。当它们的热情有所降温时，通常是在要求你对它们一心一意。

——［英］约翰·布拉德肖《猫的秘密——喵星人完全指南》

出镜喵星人：张斑斑

自壬寅年仲春学书以来，最常出现在我镜头下的猫书僮前五名依次为：Lucky99、斑斑、花儿、初八、二宝。猫书僮们积极发扬“重在掺和 舍我其谁”的喵星人奥运精神，以不容分说的主人公姿态、以迅雷不及掩耳盗铃的神速，从不放过任何一个可资利用的机会。抓挠宣纸、把毛笔扒拉到地上、打碎三个陶瓷墨盒、爪儿被墨汁浸染瞬间变身“黑手党”……

然而啊然而，每日长达数小时的临帖日课有一名或多名猫书僮相伴左右，幸福指数又是多么高啊！猫书僮或像淑女猫 Lucky99 那样文静侧卧，或像捣蛋鬼斑斑这样双臂向前伸直而卧，眯缝起一双金睛（或碧眼或异瞳），体内传出清晰可闻的修行念佛声，呼噜，呼噜，呼噜……

此情此景令我不禁将明太祖朱元璋第十七子朱权“于山家有一猫，或于牕牖之间，自有一股和气可爱”（见《神隐志》）篡改为“于书桌有一猫，或于笔墨纸帖之间，自有一股和气可爱”。谢谢你们，恪尽职守、不离不弃的张家猫书僮们，送你们每位一朵小红花！

九　爱是光辉的奖赏

庄严的、亲切的、高贵的朋友，屈尊坐在我们的身边，转动绚丽的双眸，微笑，燃烧闪亮的眼睛，爱是光辉的奖赏，在珍贵的书页上我读到。

——［英］阿尔加侬·查尔斯·斯温伯恩[①]《致猫》

世上很少有像作家和他们的猫之间这样令双方都满意的关系，因为表面看来双方都没什么太多要求。有只猫蜷在桌上或自己的腿上，有助于营造出沉思冥想的氛围，激发想象力，而长时间的相处也使得猫与作家日渐亲密，彼此都有默契，能洞察对方的需要。

——［英］霍华德·洛克斯顿《猫：九十九条命：历史、传说和文学中的猫》

我之所以能写出这么多东西，是因为猫咪总爱坐在我的膝盖上。她打着呼噜，我不愿起身惊扰到她。

——［美］乔伊斯·卡罗尔·欧茨[②]

① 阿尔加侬·查尔斯·斯温伯恩（1837—1909），英国诗人、剧作家和文学评论家。代表作《卡里顿的阿塔兰达》是一部以希腊古典悲剧为主题的诗歌剧。

② 乔伊斯·卡罗尔·欧茨，1938年生，美国当代小说家。作为一位多产作家，迄今为止已发表长篇小说四十余部。代表作有《表姐妹》《他们》《人间乐园》《漆黑的水》等。曾多次获诺贝尔文学奖提名。

出镜喵星人：张二宝、张四宝

一动一静。猫书僮与毛笔字是天然的萌友，无论是在书桌上临帖还是将已完成的作业按北大校友书画协会的要求拍照上传，蒙其不弃，总有猫书僮或扮纸镇坐于纸上，或当督学来回巡视，我这个学书者绝不会寂寥。“犬猫呈祥　瑞兔贺春”——癸卯年春节前我大书特书春联、吉语，没有哪幅字未经猫书僮身体力行的检阅与蹂躏。

窗口与心扉

灰咪咪的眼底透出一抹犹如玉蝶翅膀般的碧绿光晕，
创造它的艺术家仿佛是在说：世界上有什么事物与猫一般精致优雅？
有什么动物比猫更有资格自称为有如空气般轻盈的生物？
有什么会飞的东西与猫在气质上最为类似？
蝴蝶，当然是蝴蝶啦！而在那里，在猫的眼底深处，
艺术家以一种略带戏虐的态度，隐隐暗示出这个想法，
但却把它巧妙地隐藏在那浓密的眼睫之后，
隐藏在那精巧的褐色内眼睑，
隐藏在猫族娇痴媚态的烟幕之后。

——［英］多丽丝·莱辛《特别的猫》

出镜喵星人：张菩提Tina

一　猫儿眼一日随十二时而改变

猫儿眼知时，有歌云：子午线，卯酉圆，寅申巳亥银杏样，辰戌丑未侧如钱。

——［宋］苏轼[①]《物类相感志》

《易经存疑》：猫儿眼中黑睛，一日随十二时改变。其歌曰：子午线兮卯酉圆，寅申巳亥如枣核，辰戌丑未杏仁全。消息之理最明白，此见造化之妙处。

——［清］王初桐[②]《猫乘》

柳条不必穿鱼聘，花径冯教扑蝶行。从此牡丹须再画，要看一线午时睛。

——［明］徐渭[③]《买得一猫雏纯黑而雄戏咏》

日午猫睛一线时，红嫣紫媚正猖披。争如绛蜡通宵照，玉叶金须色愈滋。

——［宋］赵孟坚[④]《高滑南席上烛照牡丹》

---

① 苏轼（1037—1101），北宋文学家、书法家、画家。宋代文学最高成就的代表，为"唐宋八大家"之一，"宋四家"之一，豪放派主要代表。

② 王初桐（1729—1821），清朝极具才华和传奇故事的文人。《猫乘》是现存最早系统记载中国猫文化史的专著。

③ 徐渭（1521—1593），明代文学家、书画家、戏曲家、军事家。徐渭多才多艺，在诗文、戏剧、书画等方面都独树一帜，与解缙、杨慎并称"明代三才子"。

④ 赵孟坚，南宋画家。

出镜喵星人：张旺旺 Prince（左下—左上—右上—右下）

旺旺的故事是个多人接力救助的故事。1. 先是中国戏曲学院的学生小奇姑娘在校园内发现了这只小奶猫，带回宿舍，取名旺仔。学校严查学生在宿舍饲养动物，无奈的小奇在网上搜到了在北京救助流浪动物的美国人 Chris Barden（柯瑞思，老柯）的信息，向他求助。2. 毕业于耶鲁大学的 Chris 说得一口标准的京腔，写得一手地道的中文，曾为冯小刚等著名影人的影片翻译电影字幕，同时也是一名卓有才华的电影编剧。数年前辞掉所有工作，全身心投入动物救助的公益事业，创办了一个名叫“领养小铺”的流浪动物庇护所和领养平台。3. Chris 为旺仔找到了一个美国寄养家庭，旺仔有了个英文名 Prince（王子）。4. 一年后寄养家庭将迁回美国，旺仔又没着落了，闻讯后我收养了旺仔 Prince。八年过去了，旺旺青春不再，做过两次手术，却仍然健康快乐。只要一抱起他，他就立即转过身来用两只小毛爪紧紧搂住我的胳膊，喵声嗲得像个小女生，淡蓝的双眸里满是依恋之情。

二 在猫眼中我很难克服自己的羞耻感

绣茵睡起饱溪鲜，半卧闲庭日静前。忆在牡丹花下见，双睛一线午晴天。

——［元末明初］张以宁[①]《题画猫》

卧凭毡罽食凭鱼，薄荷香传半醉余。一线绿睛闲白昼，冷看鼯技渐消除。

——［明］郑学醇[②]《猫》

猫眼早暮则睛圆，日渐中狭长，正午则如一线耳。

——［南宋］沈括《正午牡丹》

六圆，五七卵，四八柿核，九成针。

——日本古歌谣

我常常问我自己"我是谁？"而当赤裸的我被一只猫在静默中撞见时，在那个时刻"我又是谁？"在这只动物眼中，我很难克服我的羞耻之感。

——［法］雅克·德里达[③]《我所是的动物》

① 张以宁（1301—1370），元末明初文学家。

② 郑学醇，明代文学家，代表作有《辛夷花》等。

③ 雅克·德里达（1930—2004），当代法国解构主义大师、最重要亦最受争议的哲学家之一。一生共发表逾四十部著作及数百篇散文。对人文和社会科学研究以及众多学术领域亦有显著影响。

出镜喵星人：（左上起）张小ku、张冬妮娅，（左中起）张兰兰、张月月、张黑宝，（左下起）张天天、张大宝，张憨宝

以己度人要不得，以人度猫就更不可取了。英语历史文学的一代鼻祖沃尔特·司各特所言甚是，“猫是一个神秘的物种，它们头脑中所思所想的要比我们意识到的更多”。

三 一只猫咪的眼睛是让我们窥视另一个世界的窗口

当我们与它们切近地接触，与之对视，也就是四目相望的时候，还能感受到来自另一种生命的目光，所谓的心灵之窗。它向我们的这一次敞开决非小事。许多人都会想起这样的时刻，因为它的眼睛会给他留下很难忘记的印象。

——张炜

猫，躺在扶手椅上，或坐在桌旁。当它们半睁半闭着眼睛的时候，肯定觉得时间在无限地延伸，在溶解，万物之间的关系奇怪地扭曲、颠倒、逆转和分裂……它是亲近的魔仆，但是你无法捕捉到它们的目光。每一次发现它是那么锐利又那么空洞都会令人惊异，一种失落的凝视，紧盯着未来，将你看穿，将你化为乌有。

——［法］巴尔蒂斯①

犹如醒来了，她把脸转向你的脸；惊讶中，你看到自己，小小的，在她眼珠内的金色琥珀中，悬空着，像一颗史前的昆虫。

——［奥地利］赖内·马利亚·里尔克②《黑猫》

一只猫咪的眼睛是让我们窥视另一个世界的窗口。

——爱尔兰传说

① 巴尔蒂斯（1908—2001），二十世纪卓越的具象绘画大师，被毕加索称为“二十世纪最伟大的画家”。因爱猫极深故自封为“猫王”。

② 赖内·马利亚·里尔克（1875—1926），奥地利诗人。其诗充满孤独痛苦的情绪和悲观虚无的思想，但艺术造诣高超，对资本主义的“异化”现象表示抗议，对人类平等互爱有着乌托邦式的憧憬。

出镜喵星人：张黎黎

黎黎拥有一双野泽延行笔下标准的“果冻眼”，“眼底透出一抹有如玉蝶翅膀般的碧绿光晕”（多丽丝·莱辛语）。

自2006年2月和妈妈小扣子、爸爸憨宝儿、姐姐妞妞一起被我从一家声称要让所有生活在那里的流浪猫“从地球上彻底消失”的庭院式宾馆接来以后，一家四口尽享天伦之乐达数年之久。爸爸、妈妈、姐姐均十分亲人，而黎黎却始终拒人于十米之外，几乎是一只隐形猫兼无声猫。如今，她的三位至亲已相继离世，黎黎与像她一样的喵星人小喜子、巧克力、阿童木结伴生活在张家喵星人与地球人俱乐部最安静、最猫迹罕至的一个房间里（我的细心呵护从未缺失）。老寿星黎黎，一切都是最好的安排，让我与你共享生命每一阶段之美，珍惜我们共度的每个春夏秋冬。

四　它是月亮最近的亲戚

那猫儿到处走动 / 那月亮如陀螺旋转 / 匍匐的猫，抬头仰望 / 它是月亮最近的亲戚 / 黑色的敏纳娄什紧盯月亮 / 它的瞳仁，会时时不断地变幻 / 从圆渐渐到缺 / 从缺渐渐到圆 / 朝那变化着的月亮抬起 / 它那变化着的双眼。

——［爱］威廉・巴特勒・叶芝[①]《猫与月》

人们曾把埃及的月亮女神伊希斯也就是何露斯的母亲与猫联系在一起。之后，中世纪时期的欧洲传统应和了上述看法，并再度把猫和月亮联系起来。

——［英］霍华德・洛克斯顿《猫：九十九条命——历史、传说和文学中的猫》

你，在月光下，豹子的模样 / 只能让我们从远处窥视 / 由于无法解释的神圣意旨 / 我们徒然地到处找你 / 你就是孤独，你就是神秘 / 比恒河或者日落还要遥远 / 你来自另一个时空 / 你是梦乡的领主。

只要与猫对视，就能衡量出猫眼中每个亮片给予我们勇敢人类的深刻秘密。

——［阿根廷］博尔赫斯《致一只猫》

① 威廉・巴特勒・叶芝（1865—1939），爱尔兰诗人、剧作家和散文家，“爱尔兰文艺复兴运动”领袖。其诗受浪漫主义、唯美主义、神秘主义、象征主义和玄学的影响，演变出独特的风格，代表着英文诗从传统到现代过渡的缩影。

出镜喵星人：张黑宝

时下流行撸猫疗法，而黑宝就是最适宜被撸的乖猫儿，大头大脸，五短身材，珠圆玉润，温柔似水，超级疗愈，给座金山俺们也不换！黑宝的一对金睛倒映出无垠的沙漠、灿烂的星辰与海浪拍打着的海岸。创作出《当你老了》等诗篇的爱尔兰诗人叶芝曾为爱猫写过一首《猫与月》，诗中的主角敏纳娄什就是一只黑宝这样的如墨黑猫。若请黑宝来评选这位大诗人的最佳诗作，自非此诗莫属。月亮依旧高远，猫眼灵动九霄。若欲一试黑宝的诗才，其必亲爪上阵作喵诗曰：喜气猫猫兮猫运通，猫好月圆兮猫星照，一猫风顺兮猫功成！

五　斯芬克斯将它的秘密传递给了猫

我们总是面露酷酷的、淡淡的蒙娜丽莎似的微笑……斯芬克斯般神秘的微笑。

——［英］安吉拉·卡特[①]

猫最喜爱的姿势是斯芬克斯的卧姿，似乎斯芬克斯将它的秘密传递给了猫。

猫习惯于毫无表情地凝视我们。猫的这种瞪大眼睛却不带表情的凝视在动物中是不常见的，以致使我们经常怀疑它是否在挑衅我们，或是在无情地审视着我们的内心世界。

——［英］凯瑟琳·M. 罗杰斯《猫咪简史》

猫注视着某种我无法看到的事物。

——［英］依列娜·法吉恩[②]

就像那些在沙漠里庄严地守望永恒的伟大的斯芬克斯，它们好奇地凝视着虚无，冷静而睿智。

——［法］夏尔·皮埃尔·波德莱尔

① 安吉拉·卡特（1940—1992），英国最具独创性的作家之一，代表作有《魔幻玩具铺》《明智的孩子》《新夏娃的激情》等。

② 依列娜·法吉恩（1881—1965），英国儿童文学女作家，1956 年首届国际安徒生奖获得者。

出镜喵星人：张来福

来福的故事说来也是老生常谈。一户居民楼一层的人家常见一橘猫跳上窗台来访。主人据说从小爱猫，经激烈思想斗争后决定开窗放进这位常客。不日，主人赫然发现猫毛居然“无处不在”，以至“连新买的名牌服装都没法穿了”，遂下决心把橘猫送到一家动物医院，借口说因出差寄养几天，交了少许押金后便玩儿起了人海失踪……我带一只猫做完手术后送到住院部待其苏醒时，被关在最靠里一笼中的橘猫冲我喵喵直叫，还奋力从笼缝中伸出爪儿来试图拉我……听完她的故事，还有什么可说的？直接带回了家。抱在怀里仔细端详，她不错眼珠地望着我，一动不动，其乖巧可人不同凡响。主人弃之如敝履，今被视之为珍宝，故以“来福”名之。“饭否？吉祥！”逢猫必如此打招呼的来福很快便长成了个胖丫头，若生在以胖女为美的唐朝做只宫廷唐猫就好了。常从隐身处冲将上来用白胖的双爪抱腿搂脚，夜来则正合奇书《衔蝉小录》这本清代少女撸猫手记里所描摹的：“时时绕膝鸣，夜夜压衾睡。”

六　天生物类知几许，人家养猫如养女

瓶中斗粟鼠窃尽，床上狸奴睡不知。无奈家人犹爱护，买鱼和饭养如儿。

——［宋］胡仲弓[①]《睡猫》

天生物类知几许，人家养猫如养女。出窝便费阿媪心，抚护长成期捕鼠。九坎长尾更独胎，团云飞雪毛色开。唔唔作威良足爱，相攸渐见有人来。一旦裹盐聘娶逼，阿媪欲辞苦未得。抱持不舍割爱难，痛惜只争泪沾衣。柳圈铜铃棉衣兜，先期细意装点周。相送出门再三嘱，善为喂养毋多尤。聘人唯唯为猫计，但愿勤能事有济。鼠耗消兮当策勋，眠毯食鱼应罔替。

——［清］黄汉《猫苑》

山人养猫俊而小，畏渴怜饥惜于宝。

——［明］蓝仁[②]《惜猫怨》

香涛（编注：张之洞）饮食起居，无往不谬。性又喜畜猫，卧室中常有数十头，每亲自伺之食。猫有时遗矢于书上，辄自取手帕洗净，不以为秽。且向左右侍者说："猫本无知，不可责怪，若人如此，则不可恕。"

——张之洞[③]堂兄张之万

① 胡仲弓，宋朝诗人。

② 蓝仁，元末明初诗人。

③ 张之洞（1837—1909），晚清名臣、清代洋务派代表人物，与曾国藩、李鸿章、左宗棠并称"晚清中兴四大名臣"。1863 年，张之洞中进士第三名，后官至体仁阁大学士。他主张"中学为体，西学为用"，创办大批军民用工业，还创办了自强学堂（今武汉大学前身）、三江师范学堂（今南京大学前身）等学校。

出镜喵星人：张小ku

由于地球人爹妈离异并辞京返港，来自香港的喵星人兄妹一夜间家破人散，好在他们还有彼此，还有我和这个向他们敞开家门的寒舍猫窝。敏感娇痴的小Ku有小Mu哥哥和我的爱，余生想来是幸福的。最难忘的一幕则是小Ku与我的经典对话——对坐毕，我发问："妈妈爱小Ku，小Ku爱不爱妈妈呀？"小Ku与我两相对视，甜美作答："喵！"娇嗔作答："喵！喵！喵！"如此循环往复以至无穷，有多段我珍藏的录音为证。喵语不分国家地域，全世界喵星人的喵语是统一、通用的，才不像人类的语言这么麻烦呢。多年后，小Ku就要去喵星球找哥哥小Mu了，可我却不得不恰在此时出趟公差，在外地一天几个电话追问她的情况，家人说她还在苦撑着等我，岂料她却于我回京的前日飘然离世……次日到家，我久久地抱着早已变得僵硬的小Ku，热泪滴在她冰凉的身上，我用她最喜欢的我的一件衣服装殓了她，安葬她的当夜，我梦见小Ku一边身姿轻盈地踏上彩虹桥，一边回望着我，发出她那令人心醉的依旧喵声……

七　一只猫会带来另一只猫

一只猫会带来另一只猫。猫是最善良最忠诚的伙伴。有了一只猫，便会有另一只猫！

——［美］海明威[①]

这是个好兆头：一个新的生命，就像我们的新生（编注：此系诗人于收养又一只流浪猫的次晨写下的感言）。

养一堆猫是好事……他们是救星。你养的猫越多，你就活得越久。如果你有 100 只猫，你活的年岁就会是你有 10 只猫时的 10 倍。这条定律迟早会被发现的，然后全世界的人都渴望养 1000 只猫并变得长生不老。

——［美］查尔斯·布考斯基《关于猫——布考斯基诗文集》

未来人人起码都会养至少 15 只猫。

——［美］安迪·沃霍尔

在雾水浓重的深夜街道，一个人慢慢地走着，在听到传入耳中的细微的猫叫声之后恍然顿悟——我活在世界上并不是一点意义都没有的，我要重拾希望，坚强地活下去。将叫住自己的猫咪带回家，也许就会产生意想不到的缘分。

——［日］中原中也[②]《惆怅的秋》

① 海明威（1899—1961），美国记者、作家，普利策奖与诺贝尔文学奖获得者。

② 中原中也（1907—1937），日本诗人，代表作有诗集《山羊之歌》《往日之歌》等。

出镜喵星人：张团团（左上）、张圆圆（左下）、张黑宝（右下）

“最是那一歪头的呆萌，恰似那水莲花不胜凉风的娇羞”……团团、圆圆两兄弟是张家当之无愧的歪头卖萌双冠军。想必徐志摩先生不会计较我篡改其名诗，因为他也是爱猫的啊，有《我的猫，一个诗人》和胡适先生《狮子——悼志摩》为证。

八　带一只新的小动物回家的感觉是无与伦比的

当我们听到“救助动物”时，总会以为是人类救助了猫咪或狗狗，但当恩佐进入我的生命后，我才知道，在更多的情况下，被救助的是人类，而施救者则是长有四条腿（有时候还少一条）的“天使”。带一只新的小动物回家的感觉是无与伦比的。那种快乐和兴奋总会让我们一家期望领养更多的动物。如果可以的话，我们想要解救动物救助站中所有的动物，把它们都带回家。然而，这并不现实。但事实是，只要大家选择领养而非购买，我们就可以解救更多的动物，给它们一个温暖的家。

——[美]特蕾西·斯图尔特《动物如友邻——生而为人的自我修养》

要领养一只猫，需要重大的决定和深重的思量以及无限的责任。但是，在领养了猫之后，关于我的爱是完全不需要担心的。

——[韩]李周禧[①]《自私的猫咪：写给这世间所有猫咪的美丽情书》

深夜从巴黎的市中心往回走，突然一只小猫跑到我的脚边。看小猫可怜就把小猫带回了家，渐渐地，猫咪由一只变成两只，由两只变成三只。在没有模特儿来的休息时间里，我就一直看着它们，最后就开始把猫也画进我的画里了。

——[法/日]藤田嗣治[②]

---

① 李周禧，1978年生，作家。

② 藤田嗣治（1886—1968），二十世纪初在法知名画家。将日本画技巧引入油画，独创的“乳白色肌肤”裸体画受到西方欢迎，与莫迪里阿尼、夏加尔均为名噪一时的“巴黎画派”。

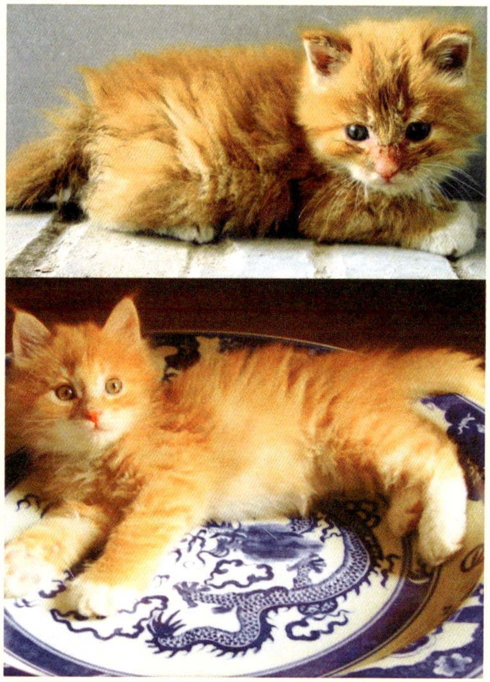

出镜喵星人：张湾湾（上为获救前，下为获救后）

上图是我2010年8月11日上午10时许见到湾湾的第一眼：小小的他趴在地上，脸上是癣，胸腹部与尾部是屎和泥，耳朵里是螨虫，鼓鼓的肚子里全是绦虫乃至碎石子！佛友途经北京百子湾一片坟地时在一个泥沟里捡回了小猫。百子湾东部的水南庄原有个黄带子坟，据说是《红楼梦》作者曹雪芹好友敦敏家的坟地。究竟是在百子湾何处发现小猫的？怎奈佛友不久移民国外断了联系，无从考证。无论身世如何，我为小不点儿取大名百子湾、小名湾湾以纪念其获救之地。湾湾不日便焕然一新，“一身太阳般黄色的毛皮”（诗人查尔斯·布考斯基语），像所有健康活泼的小猫咪一样蹦蹦跳跳、精力过剩，动不动就顺着我的裤腿往上爬或跳上沙发爬上姥姥肩头。今已十三岁，依然如故，名列前猫。

九　为它们敞开心扉，打开家门

尽管这些猫咪骨瘦如柴，满身跳蚤，甚至没人知道它们的出处，然而，它们却都有了很好的归宿。这并不是因为它们长得可爱，也不是因为它们有什么惊人的本事。它们之所以得救，得到细心的呵护，是因为人们对于无助的生命有着恻隐之心，愿意为它们敞开心扉，打开家门。

——［美］帕特丽夏·米切尔《永远的好朋友——我和我的猫咪》

猫咪是位尊贵的客人。当邀请它入住您家时，您要对它敞开心扉，为它提供专属的空间，并且接受原原本本的它，无论是它的优秀品质，还是它的小缺点。请保有一颗禅心。

猫咪在奔跑、跳跃和玩耍时偶尔会打翻一些小玩意儿。有时候，它们还会用爪子抓挠家具和沙发，或者在猫厕所之外的地方尿尿（当然，它们这么做是有充分理由的，这是猫科动物的天性）。如果它稍微犯了那么一丁点儿错，您就立即暴跳如雷，那么你们之间的关系将迅速恶化，您所期待的美丽爱情故事也会随之幻化成一场噩梦。

——［法］让·居维利埃[1]《爱猫圣经》

迎接猫咪到家里来，实际上就是家被猫咪给攻占了的意思。在知道这层意思后，就要做好“享受任何变化”的思想准备，踏上和猫咪一起生活的旅程。

有幸和猫咪生活在一起的话，那就把和猫咪一起玩耍、一起说活、一起笑、一起哭等幸福的时光，作为自己人生的一个重要时期好好地保留下来吧。

——［日］野泽延行《猫语教科书》

① 让·居维利埃，兽医，畅销书作家。

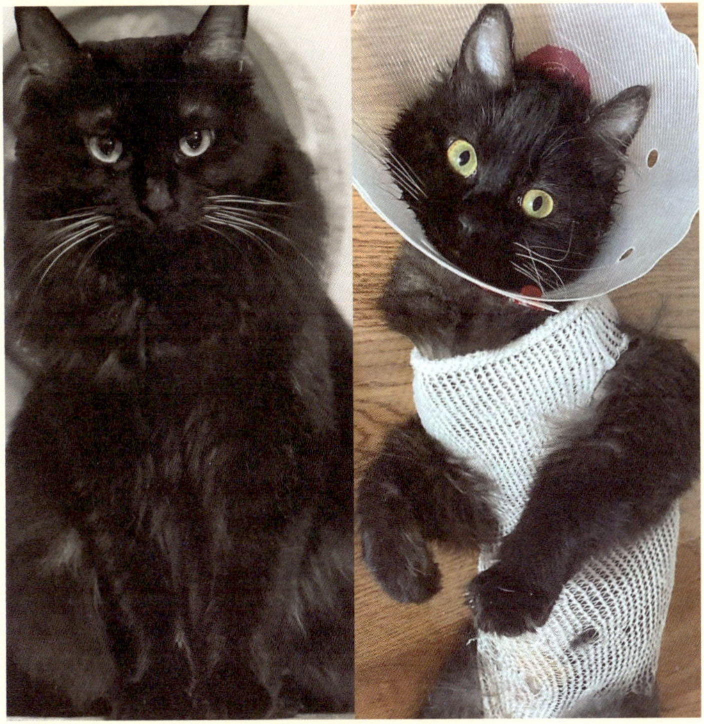

出镜喵星人：张初八

顾名思义，初八的来历自然与这个传统农历节日有关。2020 年 2 月 1 日亦即正月初八晚八时许，我在小区实施“TNR”，亦即针对流浪动物的“捕捉—绝育—放归”行动时，捕获一只新来的乖黑猫，旋即却为带她到哪里去绝育而犯愁。终于喜出望外地找到一家于疫情与春节假期中仍坚持营业的动物医院，但却根本找不到一辆出租车或网约车，只能乘坐公交车前往，偌大的公交车上只有司机、乘务员、猫儿和我。在医院前台填写患猫信息时，我不假思索地为之取名“张初八”。右图为刚做完绝育手术、戴着伊丽莎白圈、穿着手术衣的小初八，左图是羽翼丰满的今日初八。

神　明　与　九　命

如果人不窒息他人性的情感，他一定会对动物友善。因为对动物残忍的人，在与人打交道时也会变得严酷。我们通过一个人对待动物的态度来判断他的心地。

——［德］伊曼努尔·康德①

① 伊曼努尔·康德（1724—1804），德国古典哲学创始人，哲学家、作家，西方最具影响力的思想家之一。其核心的三部著作被合称为“三大批判”，其中《纯粹理性批判》标志着哲学研究的主要方向由本体论转向认识论，是西方哲学史上划时代的巨著。

出镜喵星人：张憨宝

一　古时候的猫是如同神明般被膜拜的

古时候的猫是如同神明般被膜拜的，它们至今都还未忘记这件事。

——［英］泰瑞·普莱契[①]

从前统治这个世界的物种其实是猫，它们同样有所谓的政府。战争、饥馑、传染病、不公、爱慕权力、贪得无厌……猫也要面对这些诱惑与考验。为找到解决之道，最聪明的猫聚集起来召开大会，商议过很长时间后，它们得出的结论是：放弃这个地位、责任与其相配的不幸。另外，要在低级物种里选出能够替代猫的生物——足够乐观，以为能找到解决的良方；也足够无知，永远不能获得猫的智慧——大家都懂的，“愚蠢的人类”便如此应运而生。猫儿们乐享悠闲舒适，也用不曾有任何遗忘的眼睛关注着人类。

——［美］威廉·福克纳[②]

在历史上，我们猫咪曾经对世界上最重要的宗教和社会的发展产生过深远的影响。历史书里充满了对我们智慧的溢美之词。最典型的例子莫过于埃及：猫咪统治下的古代埃及孕育了文明史上最了不起的奇迹。

——［美］乔·戈尔登[③]《下辈子做猫吧》

---

① 泰瑞·普莱契（1948—2015），英国奇幻小说家，有“幻想小说家超级巨星”之称。主要作品有《猫鼠奇谭》《碟形宇宙》系列等。作品总销量逾五千五百万册。

② 威廉·福克纳（1897—1962），美国文学史上最具影响力的作家之一，意识流文学在美国的代表人物，1949 年诺贝尔文学奖得主，获奖原因是“他对当代美国小说做出了强有力的和艺术上无与伦比的贡献”，代表作为《喧哗与骚动》等。

③ 乔·戈尔登，作者系由五人组成的幽默作品创作团队 ACTION5。

出镜喵星人：张小ku（左）与张小Mu（右）兄妹

有着日本名字Mu—Chan与Ku—Chan的这对猫兄妹是一对跨国情侣从一个香港流浪动物庇护所领养的，我在他们的香港家里抱过这两个又靓又乖的小兄妹。男主人是美国一家名刊的名记者，被公认为长相酷似英国影视明星休·格兰特，日裔美籍的女主人则是一家名新闻台的名主播。“休·格兰特”被派任该刊中国分社负责人，小兄妹随这对世人眼中的神仙眷侣一起乘公务舱来到北京。岂料，不到一年劳燕分飞，两人先后回港各奔前程。在兵荒马乱的“大撤退”中，这对小兄妹相依为命，紧紧地依偎在那个精致的猫咪摇篮里，三百多平方米的豪宅人去屋空显得格外空旷荒凉。最后，他们的命运被决定了，留给了“休·格兰特”的同事——我，从此再没见过他们的美国爹和日本妈，我成了他们的继母。如今，每每回忆起已先后回归喵星的这对长寿小兄妹，最欣慰的是在其命运飘摇无着时我给了他们一个家得享天年。其所有合影眼神皆凝重深邃，想起猫咪和其他动物在这个绝非动物友好型世界的遭际与前途，任凭再乐观的猫也笑不出来。

二 猫也可以见国王

看看猫可曾为讨人类欢心而放弃它的尊严……它拥有皇室血统，猫科家族的族长就是森林之王——狮子。正因为如此，才有这么一句谚语："猫也可以见国王。"

——［英］托马斯·布朗[①]《动物王国的奇闻逸事》

上帝所创造的，即使是最"低等"的动物，皆是生命合唱团的一员。我不喜欢只针对人类需要而不顾及猫、狗等动物的任何宗教。

——［美］亚伯拉罕·林肯[②]

在成为平民百姓最为青睐的宠物的同时，猫也令许多著名的美国总统一见倾心，其中包括亚伯拉罕·林肯、西奥多·罗斯福和约翰·F·肯尼迪等。猫被如此众多有权力、有影响力的人收养，本身就说明了它们无穷的吸引力和一生当中带给人们的快乐。

——［英］霍华德·洛克斯顿《猫：九十九条命——历史、传说和文学中的猫》

---

① 托马斯·布朗（1605—1682），英国医师、作家、哲学家和联想主义心理学家，代表作有《人的心灵哲学演讲集》等。

② 亚伯拉罕·林肯（1809—1865），美国政治家，美国第十六任总统，美国黑人奴隶制的废除者，被公认为美国历史上最伟大的三位总统之一。在其总统任职期间南北战争爆发。林肯坚决反对国家分裂，维护联邦完整，废除奴隶制，签署《宅地法》，颁布《解放黑人奴隶宣言》，击败南方分离势力。1865 年遇刺身亡，是第一位遭遇刺杀的美国总统，也是首位共和党籍总统。他还是一位著名的爱猫人士，第一位在白宫养猫并且一次养了四只的美国总统。南北战争期间，看到三只与母亲失散的小猫咪，他立刻命令下属照顾，其后数次关心小猫咪的状况。"我经常看到总统爱抚他的猫超过一个小时"，其秘书在回忆录里写道。

出镜喵星人：张三宝

除了是只最喜欢待在门框顶端的猫儿外，三宝常为动保事业摆Pose拍照，我则迅疾将照片做成海报，投放到诸如抗议玉林狗肉节、声援武汉疫情期间断粮断水的喵星人汪星人、呼吁为郑州特大暴雨中的受灾动物捐款赈灾等公益行动之中……

三 猫引诱我们想拥有一只属于自己的“家虎”

上帝创造出猫，是为了让人类体会到爱抚老虎的乐趣。

——［法］维克多·雨果①

狰猛狸奴乳虎同，菊边高卧饱霜风。养威好作他时用，一举须令鼠穴空。

——［明］倪岳《四时猫四首·其四》

猫……尽管跟人类交往，却依旧不失其本能与独立。这种天生的优势可能正是它们魅力的关键所在，引诱我们想拥有一只属于自己的“家虎”。

——［英］霍华德·洛克斯顿

猫——你这袖珍的猛虎！猫有一点总是使人类着迷不已，这就是它们给人留下的看似矛盾的印象。一只温柔漂亮的宠物突然之间就有可能变成一只小老虎。从老虎到家猫，这些猫科动物在生理结构和生活习性上都非常相似。它们美丽优雅，动作协调，都是技艺娴熟而渴望出击的猎食者，也都能在黑暗中行动自如。它们中的大多数包括所有的小型猫科动物都是我行我素的。

——［英］凯瑟琳·M. 罗杰斯《猫》

① 维克多·雨果（1802—1885），法国浪漫主义文学运动的领袖，法国文学史上重要的小说家、诗人、戏剧家，被称为“法兰西的莎士比亚”。代表作有《巴黎圣母院》《九三年》《悲惨世界》等。

出镜喵星人：张小 Mu

命中注定要在北京安度晚年的香港流浪猫小 Mu 是一只精气神十足的“家虎”，身姿挺拔巍峨，眼神坚定明亮，毛皮油光水滑，性格大气沉稳。他与妹妹小 Ku 兄妹情深，对小 Ku 呵护备至，随侍左右。小 Ku 的各种小傲娇、小脾气他都照单全收，毫无怨言，尽显大哥风范。其他张家喵星人看在眼里，无不交头接耳、高举双爪艳羡赞叹不已。

四 猫的智慧是至高无上的

我研究过很多哲学家和许多猫，而猫的智慧是至高无上的。

——［法］伊波利特・丹纳①

哲学的主要问题就是真正的生活，当哲学家在思考"什么是真正的生活"时，猫已将生活过成了艺术。

——［法］阿兰・巴迪欧②

我实在无法抵抗一只猫，尤其是一只呜呜叫的。它们是最干净、最狡猾以及我所知道的最具有智慧的东西……

——［美］马克・吐温

万物形成之初，只有动物拥有智慧和知识。上帝没有赋予人类智慧，他只是告诉人类，动物就是他的化身，人类应该向动物学习，向星星、太阳、月亮学习上帝的旨意。

——《圣经》

① 伊波利特・丹纳（1828—1893），法国文艺理论家和史学家，历史文化学派的奠基者和领袖人物，被称为"批评家心目中的拿破仑"。其艺术哲学对十九世纪的文艺研究产生了深远影响。代表作有《拉・封丹及寓言诗》《英国文学史》《艺术哲学》等。

② 阿兰・巴迪欧，1937年生，法国作家、哲学家，著有《世纪》《哲学宣言》《存在与事件》等。

出镜喵星人：张棋子

2017 年，恩人妈妈马欣来在家中与世长辞时，棋子儿就依偎在妈妈身旁寸步不离……我的大学同窗好友欣来在遗嘱中把棋子儿和其他十六只老弱病残猫托付给了我，我成了娃儿们的新妈妈。将近六年过去了，做过三次手术，生为流浪猫、死为幸福娃的长寿老猫棋子儿不久前终于到天堂去找欣来妈妈了。一路走好，最乖的棋子儿！

“有一个地方，那里没有疑虑，也没有悲伤，那里再也没有恐怖的死亡。在那里，树林开满春花，风中飘着‘他即我’的芬芳；在那里，心的蜜蜂深深陶醉，不再希求别的欢畅。”祈盼古印度圣者诗人卡比尔的这首诗随风同往欣来和棋子儿今之所在。

五　猫对人的好坏有着最棒的判断力

善良的老妇人告诉我们，猫对人的好坏有着最棒的判断力。她们说，猫总是会跑到一个好人的身边。

——［英］弗吉尼亚·伍尔夫[①]

塔基（Taki）总是镇静自若，总是知道谁喜欢猫。她从来不会靠近不喜欢猫的人，但是真正喜欢猫的人，就算来得再迟并且完全不认识她，她也会径直走到人家面前。

——［美］雷蒙德·钱德勒

它一点都不虚伪，谁爱它，它就爱谁。它有辨别真假朋友的直觉。

——［法］让·居维利埃《爱猫圣经》

他们（编注：猫儿）有着“中华智者的东方美”。

——［西］弗朗西斯科·翁布拉尔

在漫漫人生路上，一只只猫咪走进我的生活，在或长或短的时光里与我相伴相惜。缘分天注定。冥冥之中，不是我们挑选猫咪，而是猫咪在选择我们。

——［法］弗雷德里克·维杜《猫的私人词典》

---

① 弗吉尼亚·伍尔夫（1882—1941），英国女作家、文学批评家和文学理论家，意识流文学的代表人物，被誉为二十世纪现代主义与女性主义的先锋，代表作有《达洛维夫人》《到灯塔去》等。

出镜喵星人：张英子

当我“被迫”接手这只猫时，其左眼已被患有精神疾病的前主人打瞎了，我做的第一件事便是火速携其前往动物医院，医生不得已摘除了那只惨不忍睹的眼球。在医院前台填表时，因其系英国短毛猫，我便给她取了个顺理成章的大名“张英子”。用了不短的时间，小英子终于走出了深深的心理阴影，凤凰涅槃，成为一只健康亲人的“独眼凤”美猫。

对独眼凤小英子而言，右眼观世界，左眼察内心，何须两眼？一眼足矣。

六　猫拥有自由的灵魂

坐着的猫——机警而安详内敛，尾巴优雅地盘在爪边——完美地表现出猫与生俱来的冷静与超然，这使它显得非常神圣。猫拥有自由的灵魂。通过拒绝“毫无意义的社交和友谊，或是奴隶般的奉献和顺从”以显示其高贵。

作为一只猫，它坚决保留着本性，不为它周围愚蠢疯狂的世界所动。

——［英］凯瑟琳·M. 罗杰斯《猫》

家猫是很矛盾的动物。没有动物像猫一样，一方面可以跟人发展出亲密关系，却又要求活动及行动的独立自主，而且能够如愿以偿。当猫跨过门槛时，心理状态就转变了：“宠物小猫”的大脑立刻关闭，“野猫”的大脑随即开启。

——［英］德斯蒙德·莫里斯《猫咪学问大》

猫咪使出浑身解数，用它们可爱的外表迷惑人类，同时又暗地里耍小心机、捣乱、搞破坏，一边卖萌，一边奴役人类——它们已经骑在人类头顶作威作福长达几千年的历史了。它们柔软曼妙的身体，如泣如诉的叫声，甚至戏剧化的表现形式让人类原谅了它们无数的恶行。几千年啊！我们人类忍受着精神和情感上的双重折磨，但是仍然无法走进猫大人的内心世界！

——［美］弗朗西斯·马楚里阿诺《你家的猫会写诗吗？》（美国剧作家）

啊！没有子民的／小皇帝／没有领地的征服者／客厅的老虎／情欲屋顶上／天生的酋长／你在雨天里／要求／恋爱的风／你走路的时候／四只纤足／蹑着／地面／嗅着／不肯信任／尘世的东西／对于无垢的猫脚／一切／都不够洁净。

——［智利］巴勃罗·聂鲁达[①]《猫颂》

① 巴勃罗·聂鲁达（1904—1973），智利诗人，1971年诺贝尔文学奖获得者。他是在拉美文学史上继现代主义之后崛起的伟大诗人，将爱情、诗歌和革命三个主题诠释得淋漓尽致。《二十首情诗和一支绝望的歌》《我的船长》等作品在全世界引起长久的回响。

WITH CATS

出镜喵星人：张兰兰

有些喵星人，比如兰兰，真是芳心难测啊。据说，斯芬克斯将其永恒的秘密传给了喵星人，兰兰最爱取与古埃及狮身人面像一样的卧姿，从那金黄色美瞳的深处凝视着这个世界，这种长时间心无旁骛的凝视是只属于喵星人的。2011 年夏初一晚，我主持完中国动物保护组织呼吁取缔美式斗牛秀的首场新闻发布会（当时美国西部牛仔竞技展演即将于国家体育场“鸟巢”上演多场，后在国内外动物保护组织的交涉和呼吁下取消），从会场出来后途经一家兰州牛肉拉面馆后厨窗台时，邂逅了这只当时瘦弱不堪的小猫咪。她康复后虽仍略显孱弱与忧郁，却名副其实，完美化身为一只气质如兰的美少女猫。

七　猫有猫的方向

于是我养成一个习惯，把猫抱起来时，记住它们要去的方向，过后再把它们放回原地，朝向原先的方向。你知道这为什么会成为我的习惯吗？因为这很管用。后来，家里所有的猫都喜欢我。请记住，无论谁都有自己的选择、自己的方向，即使是一只猫。只有对他人的选择和方向给予足够的理解和尊重，我们才能赢得他人的喜爱。

——［美］阿尔·图尔陶①《猫有猫的方向》

迷失自我的时候，就跟猫走吧。因为猫不会迷路。

——［美］查尔斯·舒尔茨②

猫是一种神秘的、高傲的、安静的动物，它完全遵照内心的本性。它是善良温暖的朋友，让生活不再孤单；它亦是我行我素的局外猫，永远不会成为人的奴隶。

——［法］阿尔贝·加缪③

在上帝的所有造物之中，只有一个不会成为皮鞭的奴隶，那就是猫。如果人类可以和猫杂交，那将有利于改良人类，但却败坏了猫。

——［美］马克·吐温

① 阿尔·图尔陶，美国作家。

② 查尔斯·舒尔茨（1922—2000），美国漫画家，《花生漫画》系列是其从二十世纪五十年代起连载的漫画作品，史努比是该漫画及其衍生作品里的主角。《花生漫画》被翻译成二十一种不同的语言，在七十五个国家拥有三亿五千万名读者。

③ 阿尔贝·加缪（1913—1960），法国作家、哲学家，存在主义文学、“荒诞哲学”的代表人物。1957 年获得诺贝尔文学奖。代表作有《鼠疫》《局外人》等。

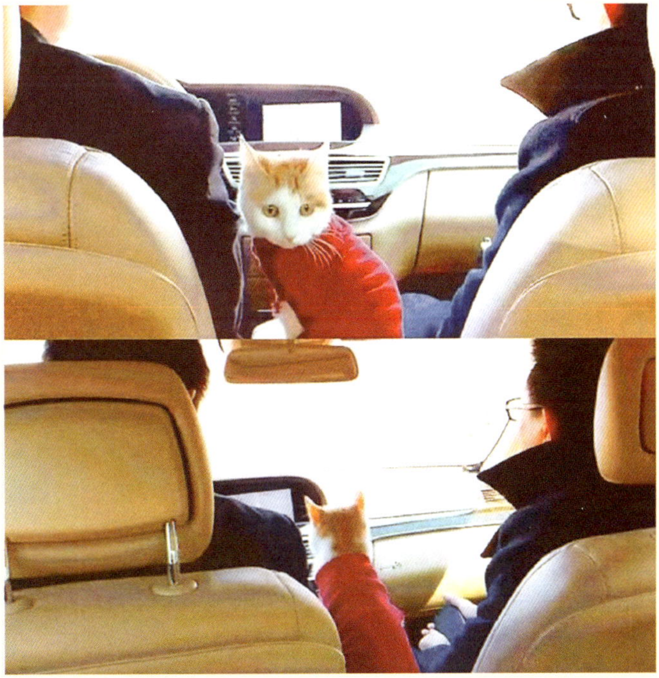

出镜喵星人：前往清华大学演讲途中的 Lucky99 张九九

因常随我外出参加公益活动，Lucky99 爱上了“坐车车”游戏。一开始她向我建议道：“路漫漫其修远兮，不如我们打车去”，但很快便发现不少出租车司机一看乘客里有猫便直接拒载，后来就只好麻烦友人开车接送我们了。车行一程后，Lucky99 便从放在我腿上的猫包里探出头来，东看看西瞅瞅，用三条腿跳出来，直接跳到视野最佳的司机与副驾驶之间坐定，但绝不会干扰司机叔叔阿姨的安全驾驶，直至抵达目的地。欣赏完她历次乘车的大片后，大家称赞 Lucky99 简直就是一名超级猫车模啊！汽车制造商们不妨大开脑洞，请她代言，作为超级车模她分文不取，只求在车身或周边看板上打出“尊重生命，善待动物”的标语，若能用省下的经费支持动物保护公益事业就更加“喵”不可言了。

八　为什么猫有九条命

九，是即使遭遇饥渴、病痛和意外，猫也能够逃脱九次。

九，是三的三倍，这数字充满荣光。

九，是巫师可以九次变身为猫。

九，是赫利奥波利斯的埃及九柱神。

九，是印度湿婆神曾说过，猫须有九命才能到达极乐。

——［法］让·居维利埃《爱猫圣经》

猫命有九，系通、灵、静、正、觉、光、精、气、神。

猫有灵性，其命有九，人只得其一。故猫之灵性，殊非人类可及耳。

——中国民间传说

每位族长（编注：猫）都有九条命，象征勇气、正义、精力、爱护、教诲、同情、爱、品格、意志、信仰。

——［英］艾琳·亨特[①]《猫武士》

① 艾琳·亨特是七位作家的共用名，他们对猫情有独钟并着迷于原始丛林世界，在对大自然的各种事物充满敬意的同时，也热衷于展开丰富的想象，用细腻的笔触将动物复杂的内心世界展现在读者面前。该动物文学系列小说已出版至八部曲，畅销全球。

出镜喵星人：张二宝（上）、张大宝（下）

窃以为，猫一定也像人一样，渴望着能像鱼儿般畅游于海洋、像鸟儿般翱翔于天空吧！对于天生就双前肢残疾的大宝而言，此愿只在梦中才有可能实现。二宝四肢健全，他最喜爱的运动项目之一便是模仿鲸鱼潜水，这能让他最大程度地伸展开身体。家中西阳台的玻璃贴膜图案是浮出海面的鲸鱼尾部，一日，忽见二宝正欲纵身跃入鲸尾旁的无垠大海之中，本喵星人御用摄影师立即跳起，抓拍成功，妙哉！

九　猫是神不小心遗留在人间的精灵

我一直觉得猫是神不小心遗留在人间的精灵，当然，你也是的。

那天，我把你带回了家，你发着高烧，我把我吃的感冒药喂给了你，你大口大口地呕吐了起来，第二天，你的病竟然神奇地好了！我忘了，你是神的精灵。

——［阿根廷］博尔赫斯

而猫，只有猫 / 完美且尊贵，生来便毫无瑕疵 / 独来独往，知道自己想要什么……

什么都比不上 / 它一体的和谐，月亮没有 / 花也没有 / 它那种结构，独一无二的东西 / 像太阳或者玉 / 它的轮廓是弹性的线条，结实而柔和 / 如船的前舷。它的黄眼睛 / 只有一线 / 缝 / 漏出夜的金币。

——［智利］巴勃罗 · 聂鲁达《猫颂》

猫是理智、情感、勇敢三德全备的动物：它扑灭老鼠，像除暴安良的侠客；它静坐念佛，像沉思悟道的哲学家；它叫春求偶，又像抒情歌唱的诗人。

——钱锺书[①]《猫》

① 钱锺书（1910—1998），作家、文学研究家。代表作有《围城》《谈艺录》《管锥编》等，并参与翻译《毛泽东诗词》英译本。

出镜喵星人：张淘宝

那年深冬一日，我的发小晓非在她家所在的住房和城乡建设部宿舍大院里，看见两名保安挥舞大扫把追打一只据说胆敢跑进办公楼里的小猫，心生不忍，硬把小猫要过来装上车，风驰电掣送来我家……

我开门见猫，抬头见喜，此后也常因此猫的出人意料之举而忍俊不禁。

跟谁都自来熟、从不把自己当“外猫”的淘宝不久即变身为张家亲善大使、混世魔王加搞笑冠军并连任至今。除了一天中无数的大觉小觉，精力过猫的淘宝凡事必掺和、瞎捣乱、赛短跑，哪里有摔东西砸物件的不祥噪音，哪里就有绝不临阵脱逃、敢做敢当的淘宝。事发后，除了把一脸无辜的他抱在怀里边求他安静些少惹事，任由他呼噜打得山响，徒唤奈何。

伴　侣　与　礼　物

可知猫是男女老幼一切人民大家喜爱的动物。猫的可爱，可说是群众意见。而实际上，如上所述，猫的确能化岑寂为热闹，变枯燥为生趣，转懊恼为欢笑；能助人亲善，教人团结。即使不捕老鼠，也有功于人生。

——丰子恺[1]《阿咪》

① 丰子恺（1898—1975），现代画家、散文家、美术教育家、音乐教育家、漫画家和翻译家，中国现代漫画事业的先驱，卓有成就的文艺大师，作品内涵深刻，耐人寻味，老少咸宜，深受几代读者欢迎。与恩师弘一法师（李叔同）合著的《护生画集》呼吁爱护生灵与心灵，影响深远。他也是史上著名“猫奴”之一，写猫画猫，一生有猫为伴。

出镜喵星人：张大宝、张二宝

一 当一个人爱猫，我就已然是他的朋友和伙伴

当一个人爱猫，我就已然是他的朋友和伙伴，不需要更多介绍。

——[美]马克·吐温

你仔细看看动物，一只猫，一只狗，一只鸟，或者动物园里哪个庞然大物，美洲狮或长颈鹿，你会看到，它们一个个都那样自然，没有一个动物发窘，它们都不会手足无措，它们不想奉承你，吸引你，它们不做戏。它们显露的是本来面貌，就像草木山石，日月星辰。

——[德]赫尔曼·黑塞[①]《荒原狼》

专横的人是不会喜欢猫的，因为猫喜欢无拘无束，它不会甘心成为奴仆，不会像其他动物那样俯首帖耳，屈尊于你的差遣。

——[法]让—雅克·卢梭[②]

“一只只来，一只只去，”他说，“我并没有养，只是拿东西给它们吃。我是主人，它们是客人。‘养’字，太伟大，是它们来陪我罢了。”

——蔡澜[③]《岛耕二先生的猫》

① 赫尔曼·黑塞（1877—1962），作家，诗人，代表作有《彼得·卡门青》《荒原狼》《东方之旅》《玻璃球游戏》等，曾获冯泰纳奖、诺贝尔文学奖、歌德奖。

② 让-雅克·卢梭（1712—1778），法国哲学家、教育家、思想家、文学家，十八世纪法国大革命的思想先驱，启蒙运动的代表人物之一。代表作有《论人类不平等的起源和基础》《社会契约论》《爱弥儿》《忏悔录》《新爱洛伊丝》《植物学通信》等。

③ 蔡澜，1941年生，电影监制、美食家、专栏作家、电视节目主持人、商人。与金庸、黄霑、倪匡并称为“香港四大才子”。有“食神”美称。

出镜喵星人：张灵灵

“花墩困午，花氍卧醒，双瞳似线，乌针双竖”——常常被灵灵的一对黄宝石般的杏核眼迷住。灵灵是我正式收养的第一只猫咪，意义自然不凡。我们这一人一猫相遇在2003年“非典”疫情时期，2020年新冠肺炎疫情爆发之初她以十八岁高龄安详辞世。

住在我家楼上的老太太喜画花鸟，特让人从上海捎来一只小美猫做模特。她令小保姆从农贸市场买回些劣质的散装猫粮，每天规定只喂几小把，水则是喝鱼缸里的。转眼成年，一只未绝育的猫自然会有各种生理反应，如在不该小便处小便，每逢此时必遭毒打，故小美猫常年躲在她家最高的那个衣柜顶上不敢下来，一听见老太太的口音就哆嗦个不停。2003年11月10日，刚满一岁的小美猫苦尽甘来，成了我收养的第一个毛孩子。

二　还有比猫咪对我们的爱更美好的礼物吗？

数以千计的老弱病残从猫身上获得了欢笑、慰藉以及友谊，它们正是这些人所能拥有的最佳宠物。猫在我生命中一直扮演着重要的角色：开始是在格拉斯哥的童年时光，接下来是我当外科实习兽医的时候，如今在退休的日子里，它们依然围在我身边，照亮着我的生命。这群小家伙都各有特殊的魅力，它们与生俱来的优雅和极度纤细的情感使得我们更加亲密。

——［英］吉米·哈利[①]

还有比猫咪对我们的爱更美好的礼物吗？

——［英］查尔斯·狄更斯[②]

多可悲啊！是如何贫乏的心灵，才会说动物是没有理解力与感情的一种机器？

——［法］伏尔泰[③]

---

① 吉米·哈利（1916—1995），大英帝国勋章获得者、兽医、畅销书作家，被英国媒体称誉“其写作天赋足以让很多职业作家羞愧”。代表作有荣登《纽约时报》榜首的系列畅销书《万物有灵且美》《万物刹那又永恒》《大地之爱》《猫的故事》等。坚持在乡间从事兽医工作50余年。作品被拍成多部深受欢迎的电影与电视连续剧（《万物生灵》）。

② 查尔斯·狄更斯（1812—1870），十九世纪英国最伟大的作家，也是一位以反映现实生活见长的作家。他以高超的艺术手法描绘了包罗万象的社会图景，展现出揭露和批判的锋芒，贯彻惩恶扬善的人道主义精神，塑造出众多令人难忘的人物形象。主要作品有《匹克威克外传》《雾都孤儿》《艰难时世》《双城记》等，深受读者欢迎。

③ 伏尔泰（1694—1778），十八世纪法国启蒙思想家、文学家、哲学家、法兰西院士，十八世纪法国资产阶级启蒙运动的泰斗，被誉为“法兰西思想之王”“法兰西最优秀的诗人”“欧洲的良心”。主张开明的君主政治，强调自由和平等。代表作有《哲学通信》《形而上学论》《路易十四时代》《老实人》等。

出镜喵星人：张黑宝

对黑猫的歧视纯属愚昧无知。事实是，他们不仅吉祥开运而且辟邪招财，这理应成为所有地球人的常识。张家数只黑猫中属黑宝最黑、最亮、最胖、最憨，短短的大头大脸与圆滚滚的五短身材极宜被撸，治愈力立竿见影。

至于唐人所说的“猫黑者，暗中逆循其毛，即若火星”，亲撸属实——盖为满手闪闪星光也。

三　而遇见猫则是上帝给我的礼物

人族全部同意，是猫爸爸晓谕儿子们的："这家人家可以进去。"短尾黄这一进，是我们的十年，猫的一生。

亲人安康，朋友健在，猫们活着，眼前当下如果不是永生，我不知还有什么样的永生能够吸引我前往？

——朱天文《短尾黄》

为什么在一个相对贫穷困乏的时代，我们比较能与无主的友伴动物共存，反倒富裕了，或自以为"文明""进步"了，大多数人反倒丧失耐心和宽容，觉得必须以祛除祸害脏乱的赶尽杀绝？这种"富裕""进步"有什么意思呢？我们不仅未能从中得到任何解放，让我们自信慷慨，慷慨对他人、慷慨对其他生灵，反而疑神疑鬼对非我族类更悭吝、更凶恶，成了所有生灵的最大天敌而洋洋不自觉。台湾目前某些动保团体……欲以影像、文字、草根的社区沟通……营造的猫文化，让喜欢和不喜欢的人都能习惯那出现在你生活眼角的街猫，就与每天所见的太阳、四时的花、季节的鸟一般寻常，或都是大自然最令人心动爱悦或最理所当然的构成。

我不相信我们的努力毫无意义。我不相信，最好的时光只能存在于过去和回忆中。

——朱天心《我的街猫朋友》

我一直提醒自己，所有的动物都是平等的，每一个生命都该被同等珍爱，但我心底清楚，猫族是我的罩门。营救狗及其他动物是不忍、是责任，而遇见猫，则是上帝给我的礼物。

——朱天衣[①]《我的猫女们》

① 朱天文、朱天心、朱天衣均为台湾文坛著名作家、动保志愿者、环保志愿者。出身于文坛世家，是已故台湾地区军旅作家朱西宁与日本文学翻译家刘慕沙的三个女儿，被誉为"宝岛文学三姐妹"。三姐妹"铁肩担道义，妙手著文章"，堪称台湾之光——对于危难中的动物，她们出手救；为了唤启天良，她们动手写；冀望于台湾动保的进步，她们鼓与呼。

出镜喵星人：张东东

以调皮捣蛋、惹是生非为己任的东东是一只标准的短尾黄猫。这只短尾黄猫是多么活力四射、生机无限啊！他和另一个超级淘气包斑斑是一对奇特的“死对头”：见不得又离不得。只要听见他此起彼伏的怪叫声就知道他准又和斑斑交战在即了，我须得立即几个箭步冲过去劝和一番，谆谆告诫他俩：“要珍惜来之不易的幸福生活啊！要团结友爱互助互让啊！要兄弟同心其利断金啊！”东东的心型小红舌造型完美，奇妙无比。

四 所有动物之中，猫离人最近

所有动物之中，猫离人最近……人与狗之间需要绳子牵，而人与猫之间却不需要，这是因为猫与人是被一根肉眼看不见的命运之线联系着的。

——［日］森村诚一[①]

我时常想，自己要是也长着猫尾巴那种方便的玩意儿该多好！以尾巴作为回答，这是一种微妙的表现方法。发声是很麻烦的，而沉默又有点儿不近人情，用这种方法作为答礼，意思是说：你唤我，我很感谢，但我眼下正困着呢，请忍耐一下吧——一种既懒散又机智的复杂心情，通过简单的动作，极其巧妙地表现出来了。

——［日］谷崎润一郎

我逐渐认识到，动物是如何走进我们的生活来教给我们一些东西的。尽管它们无法用言语表达自身，但这并不是个负担，因为它们有很多其他的交流技能。是去用心聆听还是随便听听，以及要不要仔细观察，完全取决于我们自己。理解需要忠诚、耐心，还需要坚定的信念。但是，即使是激进的青年都可以读懂动物的心声，理解它们简单却难以忘怀的想法。我认为，这些特殊的例子真实明了，给我留下了难以忘怀的印象，让我看到了希望、宽容以及人类和动物之间那种互相敞开心扉所激发出的令人难以置信的能力。

——［美］尼克·特劳特《爱是最好的良药》

---

① 森村诚一，1933 年生，日本推理小说作家。自二十世纪六十年代脱颖而出以来，一直致力于推理小说的创作，他不仅继承并发展了松本清张社会派推理小说的特色，而且还在作品主题、人物塑造、故事构思、语言对话上独树一帜，成为最具影响力的推理小说家之一。

出镜喵星人：张菩提 Tina

见过 Tina 的人都说她好看，殊不知她是被小区清洁工从那辆深绿色垃圾车里“捞出来”给我的。春节将近，租住在本小区一幢居民楼地下室的几个女孩儿不知该把她们高价买来的这只金吉拉猫怎么办才好。猫正尿血，她们回家过年后是否还会回京继续其“北漂”生涯尚不得而知，最后索性把猫扔进高高深深的垃圾车里让其自生自灭了事。娇小玲珑、十足娇娇女性格的 Tina 身心痊愈后成了孩子们的姥姥（而非我）的贴身小棉袄，整天趴在老太太左腿上，或深情款款地仰望着她，或有模有样地潜心“念经修行”。老太太左手轻搂这只袖珍猫儿，右手在猫儿身上有节奏地轻拍着，念念有词，句句押韵，人猫合一，天长地久。

五　从灭鼠者到生活伴侣的角色转变

猫咪从灭鼠者到生活伴侣的角色转变是最近才迅速发生的……猫咪成功成为宠物的原因不仅在于其外表，而是因为它们在与人类建立关系的过程中是开放的。当它们被驯化后，就发展出一种我们觉得很有吸引力的方式来与我们进行交流，而这也是让它们从灭鼠能手转变为我们所珍爱之伴侣的关键所在。

——［英］约翰·布拉德肖《猫的秘密——喵星人完全指南》

抚摸猫不只是让猫平静下来，人同样也能从中得到安宁……因为我们所有人，不管老的少的，都能从猫那里获得我们想要的某样东西——陪伴。而它们似乎也乐于与我们为伴。猫能够与我们一起分担那些不为旁人所知的孤独、悲伤和没有安全感的时刻，为我们带来安慰和可感触的舒适。

——［英］霍华德·洛克斯顿

猫狗等动物和我们在一起都能做些什么？

1. 使人愉悦；2. 使我们富有同情心；3. 提供食粮：文化上与精神上的；4. 陪伴我们；5. 和我们玩游戏；6. 教会我们了解我们自己。

——［荷］麦克·科尔萨斯[①]

① 麦克·科尔萨斯，荷兰瓦格宁根大学应用哲学教授，欧洲生态系统保护基金会主席，《农业和食品伦理学》丛书主编，《哲学与社会批评》《农业与环境伦理学杂志》等期刊编委。

出镜喵星人：（后排）张虎妞，（前排左起）张四宝、张二宝

“我对猫了解得越多，就越感激能与它们分享我的生活……我们对于猫咪的理解应该建立在张扬一种健康的思想上：对它们的内在本质有一个基本的尊重”——英国人与动物关系学专家约翰·布拉德肖此言于我心有戚戚焉。猫与人一样，渴望陪伴，渴望爱。猫选中我们这些两脚兽地球人提供安全、住处和饮食，反过来，他们会给我们一生的爱与陪伴，给我们带来无比美好的回忆。惟愿所有相遇都恰逢其时，危难中的喵星人经不起永久的等待，时间就是生命，当机立断伸出援手，救死扶伤地狱天堂，勿犹疑，勿思量，勿相忘。

六 每只猫都有三个名字

每只猫都有三个名字，分别是族群名（“灰褐色的”“橙色的”“姜黄色的”）、家用名（“莫格”“奥斯卡”之类的）和秘不外传的本名。

——［英］托马斯·艾略特[①]《擅长装扮的老猫经》

T.S. 艾略特有一句著名的诗：“给猫儿起名字真是件难事。”说给猫儿起名字很难，没准真是这样。或者说起名字很简单，但逐渐附在那名字上的东西，有时会有不可思议的分量。

——［日］村上春树《爱吃沙拉的狮子》

你们人类需要姓名是因为你们不知道你们自己是谁，但我们猫知道我们的身份，所以我们不需要名字。

——［英］尼尔·盖曼《鬼妈妈》

猫大概是在公元初年传入中国的，到了唐代，猫在中国肯定已经家喻户晓了。一位宋代诗人的朋友分别为家养的七只猫命名为白凤、莫愁等。

——［英］凯瑟琳·M. 罗杰斯《猫咪简史》

① 托马斯·艾略特（1888—1965），英国诗人、剧作家、散文家、评论家、出版人，诺贝尔文学奖得主。后期象征主义文学的代表，也是西方现代主义文学具有影响力的诗人和评论家，代表作有《荒原》《烧毁的诺顿》《四个四重奏》等。享誉世界、长演不衰的经典音乐剧《猫》系根据其诗《擅长装扮的老猫经》改编而成。

出镜喵星人：大名张家猫叔，小名皮球，日文名缺心眼子

我们张家喵星人为数甚众，没有名字岂不乱套？故正如北宋钱易《南部新书》所言，“皆自制佳名”且一猫多名者不在少数。这不，这位至少就有河小宝、张家猫叔、缺心眼子、皮球、球球、乖球、胖宝等数名。最早他是被人从河边泥沟里救出的，救助者名之“河小宝”；当年春节前救助者把他送来寄养，说好回老家过完年一回京就接走，结果十余年过去弹指一挥间……因其头大、体胖、性憨、年长而被命名为“张家猫叔”——日本不是有个大名鼎鼎、头顶万物、眯眼入定的猫叔吗？两位大脸多肉猫叔长得可像啦！“缺心眼子”一名则是受宋丹丹的启发，那年在她和李雪健主演的电影《四十不惑》拍摄地采访，她戏言她若取个日本名就取个绝不会重名的“苍蝇蚊子”。有鉴于此，根据其性情与外貌，我慎重地给张家猫叔取名“缺心眼子”——男生难道就不能起名为“×××子”吗？该移风易俗啦。此叔的信条是：有福同享，有肉同长，先加餐再减肥，只仰卧不起坐。

七 对猫的喜爱是全人类共有的

因为猫的大眼睛、小鼻子和小嘴巴很容易让人联想到人类的婴儿时期，而这对人类来说有一种天然的吸引力，因此，在网络时代，我们很可能会迎来一波又一波对猫的膜拜高潮，因为这种对猫的喜爱是全人类共有的，不论在何种文化语境下。幼猫跟婴幼儿有着很多相似点，而我们作为哺乳类动物对此有着天生的好感与本能反应。小猫咪和婴幼儿都会刺激我们，使身体释放出感觉良好的荷尔蒙——多巴胺，这与我们坠入爱河时释放的荷尔蒙相同。

——［英］麦克·纽沃尔①

它吸引人的特点，它孩童般的脸庞和眼睛，它柔软的皮毛，关键是它具有讨我们欢心的能力，这些都导致其最终成了我们的宠物。随后，人们对象征性和神秘主义的强烈爱好将猫咪提升到了偶像级的地位。

与其头部的大小相比，眼睛的尺寸是巨大的。事实上，它们的眼睛几乎和我们的一样大。猫咪的脸庞并不是为吸引我们而进化的，但它们总是拥有吸引人们的正确组合特征。

——［英］约翰·布拉德肖

世界上不仅有因猫的美丽和珍贵而爱猫的人，而且有被它独有的伶俐打动，或单纯为爱而爱之人。

——［日］佐藤春夫《猫与老婆婆》

猫具有真正的情感忠诚，人类往往由于某种原因隐藏自己的感情，而猫却不会。

——［美］海明威

① 麦克·纽沃尔，英国肯特大学荣誉学者，研究领域为美学、感知与艺术。

出镜喵星人：张斑斑

“Dream big. Work hard.”斑斑经常在一个上书这两句励志英文的复古铁皮花瓶旁钻来钻去，跟小顺子、Konica 捉迷藏。梦想远大——必须的；努力奋斗——尽量吧……

喜欢喵星人的理由何止 10 个，最根本的一点是，必须首先发自内心地尊重与善待猫咪，这也是斑斑最大的梦想。其反面自然是虐待乃至遗弃，就像斑斑之前常被关黑屋、屡换主人、险些流落街头的命运一样。不必非得是动物行为学、心理学专家也看得分明，在一个安全、稳定、被爱、热闹的新家，过去被禁闭、被转手、被嫌弃、被遗弃的阴影逐步淡出。无论是与人还是与猫的相处模式，今之斑斑每天都在发生积极的变化，变好，变得更好。加油，加油，我们的大帅哥斑斑萌萌哒！酷酷哒！棒棒哒！

八 我爱猫咪就像我爱我家

每只猫都应该拥有舒适的家，而实现这一点并不难：选定你的目标后，在后门可怜地喵喵叫。当门被打开时，赶紧跑进去，蹭着迎面而来的第一双腿，使劲地蹭着，并抬起头来信任地望着对方。我注意到，没有什么比信任更能打动人类。因为人们能得到的信任并不多。

——［英］杰罗姆·K. 杰罗姆[①]《猫之种种》

通过接受我们的爱抚，猫咪们感到满心欢喜。在它们看来，它们几乎肯定是在参与一种可以增强它们与主人感情的社交仪式。

——［英］约翰·布拉德肖

动物总能带给人灵感。它们不知道如何说谎。它们是自然的力量。看电视五分钟就让我感到恶心，但我可以连续几个小时盯着一只动物看，在它们身上我看到的只有优雅和荣耀，生命该有的样子。

——［美］查尔斯·布考斯基《关于猫——布考斯基诗文集》

我爱猫咪就像我爱我家，看着他们就像看着一个个小灵魂。

——［法］让·谷克多[②]

① 杰罗姆·K. 杰罗姆（1859—1927），英国现代杰出的幽默小说家、散文家和剧作家，一生创作了大量享誉世界的作品，为各国读者所喜爱。代表作有《三怪客泛舟记》《闲人痴想录》《舞台上下》《朝圣日记》《小说笔记》等。

② 让·谷克多（1889—1963），法国作家、戏剧家、电影剧作家、电影导演、文学评论家。

出镜喵星人：天天妈妈与其仨娃：天蓝蓝、天明明、天亮亮

2022 年 6 月 10 日，接到京郊千年古刹天开寺居士乔师兄的求助电话，说寺内几天内好几只母猫“集体”生崽，其中一只又瘦又小，分娩前频频喵喵叫、蹭人腿：我要生了，请帮帮我！我同意收养这个猫妈妈及其娃娃，做好了伺候猫妈妈坐月子的所有准备。次晨，距幼崽们问世不足二十小时，师兄将一家四口送到我家。看上去像只未成年猫的猫妈妈打喷嚏、流鼻涕、眼发炎，却夜以继日地辛勤哺育孩子们。既要疗病又不能用抗生素，咨询多位兽医后确定了对治方案，缓慢见好。幼崽体质孱弱，多管齐下加强营养，我每天拍照见证三只袖珍小虎的日新月异，怎一个“萌”字了得？转眼间就该带这一家四口去做绝育手术了。

九 猫与人的关系就是我们今天理想的人际关系

人和猫的故事，在每一个有爱的角落传播，像春阳的芬芳、夏阳的热烈、秋阳的静美、冬阳的柔暖。如果有一天早上醒来，发现猫不见了，我的整颗心都会是空荡荡的。

——［日］村上春树

有一只猫，脖挂金锁，在山东上空飞来飞去，像只蝴蝶。没有原因，“不为什么”。另一只猫，在家里各种动物与用具都成精的时候，闷声不吭。主人很害怕，告诉巫婆：“我家的东西全都在作怪，只有这只猫无异。”它便站起来，拱拱手说：“不敢。”第三只猫，听人类唱歌，一时技痒，遂亲自上阵，高唱《敬德打朝》。

——陆蓓容[①]《衔蝉小录——清代少女撸猫手记》（［清］孙荪意辑）注评序

猫与人的关系就是我们今天理想的人际关系。

——梁文道[②]

① 陆蓓容，1987 年生，浙江省社会科学院副研究员。艺术史博士、书画鉴藏史研究员、诗词写作者，主要从事明清美术史、鉴藏史研究。有《宋荦和他的朋友们——康熙年间上层文人的收藏、交游与形象》、散文集《更与何人说》等作品与多本唐诗宋词日历问世。

② 梁文道，1970 年生，香港学者、作家、媒体人、主持人，撰有大量文化与时事评论文章，并参与各种文化及社会活动，亦是香港爱护动物协会的动物保育大使和观察员。“八分”是由其与“看理想”团队共同打造的一档文化类音频节目。

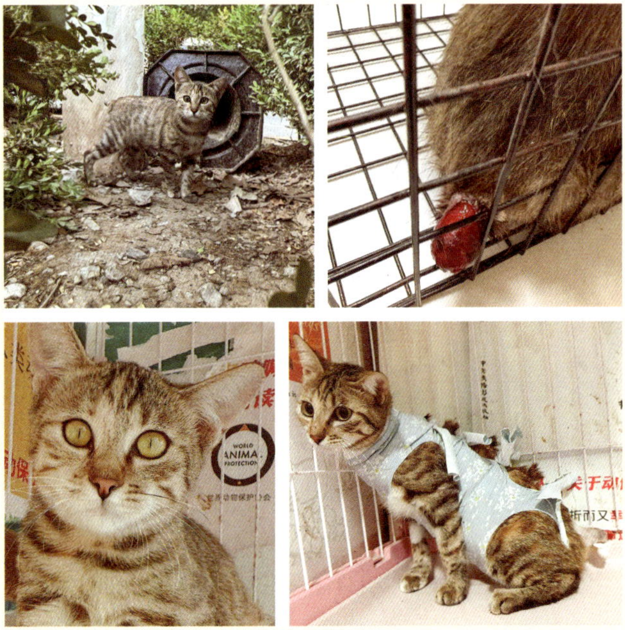

出镜喵星人：张凤凰

（左上为初见时，右上为捕捉入笼后，右下为绝育手术后，左下为康复中）

2022 年 9 月 17 日下午，路经凤凰城二期小区时，一只半大狸花猫印入眼帘，其整个尾部缺失，只剩下约两个大拇指指甲盖长度的污血肉球！次日重返，用诱捕笼抓住猫儿送医。张雪川医生仔细检查后说，可以肯定这是人为造成的，当时施害者应该是一手紧抓猫尾巴，一手用刀或其他利器将整条小猫尾巴干脆利落地剁掉了……小凤凰（猫名取浴火重生、凤凰涅槃之意）到家后开启了漫长的疗伤之旅。新年前后接受绝育手术，断尾也终将愈合在即，却又被诊断出感染了猫瘟病毒！面对 60%—70% 的高死亡率，董微大夫制定了一套密集治疗方案。每天带凤凰打车往返动物医院进行长时间复杂治疗的劳累与寒冷让我病倒了。聊以自慰的是，癸卯年初春时节，小凤凰终于痊愈而无需再行隔离了！新生快乐小凤凰！

倒　影　与　天　堂

猫毛吸满了太阳光的温暖，告诉我生命中最美好的一部分，让我明白由这些生命中的片片段段，组成了这个世界的一个部分。在这个空间存在的事物，在其他空间也一定存在。

把耳朵附在猫的身躯上，就会听到夏日终了的海鸣声般轰隆隆的声响。在猫儿柔软的体内，和呼吸同步上升、下沉、上升、下沉。就像刚诞生的地球一样。

——［日］村上春树

出镜喵星人：张月月、张元元、张棋子

一　动物是我们的倒影

动物是我们的倒影。它们有些是我们梦寐以求的伟大老师，它们进入我们的人生，主要原因之一是教我们如何无条件地爱我们。它们完全不在乎你赚多少钱，你靠什么维生，你长得怎么样，它们都一样爱你。

——［美］卡罗·葛尼[①]

如果你以一种敬畏的态度与那些动物相处，你的观察就会变得很容易，你对于生命的理解也将会越来越准确。这样做有助于你与那些动物和平相处，领略神圣世界和自然界的风采，满足你追逐世界的好奇心。

——［美］泰德·安德鲁斯《动物知道生命的答案》

跟你在一起，我们一样也学到了让我们引以为荣的东西：我们学会了去欣赏、尊重并且喜爱我们的异类。人们很容易接受并喜爱自己的同类，却很难一视同仁对待某种异类，可你却帮助我们做到了……到那时，你对我们的感情以及我们对你的感情都会更加浓烈，更加美妙，因为这种相互关爱滋生在完全不同的物种之间。

——［智利］路易斯·塞普尔维达[②]《教海鸥飞翔的猫》

① 卡罗·葛尼，美国作家、动物沟通师。

② 路易斯·塞普尔维达（1949—2020），智利作家，代表作有《读爱情故事的老人》《世界尽头的世界》等。《教海鸥飞翔的猫》是他为自己的孩子们所写的一个童话寓言故事，自出版后已在全球畅销近千万册，被奉为当代经典童话之一。2020 年，塞普尔维达因感染新冠肺炎在西班牙去世。

出镜喵星人：张东东

有一阵子，我喜欢用猫儿获救地的方位为其取名，四个方位各有一猫得名：东东、西西、南南、北北（小北）。这样做的好处是易于记住每个喵星人的来历。当然，好记性不如烂笔头，每有新猫进驻，我都会不失时机地将详情记在喵日志里。所以，即使是很久——比如十九年——之后来写他们的故事，彼时彼刻的情形仍历历在目，猫生恰只若初见……东东来自小区东部一个部队大院。2012 年 12 月 21 日冬至那天，即将迎来头生子的主人家担心猫咪传染弓形虫给婴儿，于是决定将四个半月大的东东及其同胞白猫小兄弟送到乡下。闻讯后，我和邻楼爱动物的高女士一起登门劝说孕妇一家留下猫儿，因为家猫感染弓形虫的概率比亿元彩票的中奖概率还低。怎奈无效，高女士和我各收养了一只，我这只便是东东。长大成猫后，橘猫东东经历过两次有惊无险的意外，猫家命大福大造化大，至今牙好、胃口好，吃嘛嘛香，生龙活虎的闹将一名，活跃于张家猫窝的东西南北各个角落。

二 猫与我——一段道德启蒙的经验

与三只猫生活在一起，帮我冲破了这层隔绝。它们讨得你的欢心，然后迫使你面对它们的各种需要，迫使你去了解它们，最重要的是去想象它们的感受和希望。当然，理解会失败，想象往往是错误的。可是话说回来，不经过这种努力，人要怎样摆脱自私与成见累积而成的冷酷与麻木呢？所谓设身处地、同情共感的能力，要从何而来呢？没有这种能力、不培养这种道德敏感度，我们又怎么会有动机去跨出自己、关怀他者呢？

——钱永祥[①]《猫与我——一段道德启蒙的经验》

一个国家的伟大和道德进步可以通过它对待动物的方式来判断。

我不仅要了解与被称之为人类的生灵之间的友谊和平等，而且还要了解与所有生灵之间的平等，甚至是与地上爬的动物。

——［印度］莫罕达斯·卡拉姆昌德·甘地[②]

① 钱永祥，1949年生，台湾地区“中央研究院”人文社会科学研究中心兼任研究员。主要研究政治哲学、西方近代政治思想史、道德哲学以及动物伦理学。著有《在纵欲与虚无之上：现代情境里的政治伦理》《动情的理性：政治哲学作为道德实践》等书，译有《学术与政治》《动物解放》等书。现任《思想》杂志主编，台湾地区动物保护学院院长。

② 莫罕达斯·卡拉姆昌德·甘地（1869—1948），尊称圣雄甘地，是印度民族解放运动的领导人和印度国家大会党领袖。他是现代印度的国父，是印度最伟大的政治领袖之一，也是提倡非暴力抵抗的现代政治学说——甘地主义的创始人。其精神思想带领国家迈向独立，其“非暴力”的哲学思想影响了全世界的民族主义者和争取以和平变革的国际运动。

出镜喵星人：（上图左起）张团团、张芳芳、张圆圆，（下图左起）张圆圆、张芳芳、张团团

不知这三兄妹长得可像钱永祥先生家那三只助其突破“这层隔绝”的猫儿？如今已四岁多的仨娃儿当初是和他们的妈妈霸王花一起从一个脏乱差黑俱全的小超市仓库被我带回张家的，之前已至少有一只同窝奶猫被进进出出的伙计一脚踩死了。那歪嘴歪脸的老板娘仅欲留下一只猫捕鼠，为不使其骨肉分离，我只好来了个“一锅端”——悉数接回了猫妈妈一家四口。无论如何，世上至少尚有这么一个猫之家可以不必生离死别了。

三　因为它，我变得不那么自私了

它就像我自己的女儿一样。
因为它，我变得不那么自私了。
现在还没有人与动物结婚的先例——我从没想到我会这样爱着一只猫。

——［德］卡尔·拉格斐[①]

他是让孩子们学会积善行乐的工具。没有他，就不成为一个完整的家。灵魂尚缺少祝福。

——［英］克里斯托弗·司马特[②]《欢呼吧，阿尼诺》

变化最大的事情就是，现在已经有了等着自己、被它依赖着的生命。

——［日］野泽延行《猫语教科书》

① 卡尔·拉格斐（1933—2019），德国服装设计师，人称“时装界的凯撒大帝”。曾为时装品牌芬迪和香奈儿的领衔设计师、创意总监，并自创同名时装品牌 KARL LAGERFELD。他的另一个身份是“全世界最帅最酷的养猫人”。句中的“它”指的是其大名鼎鼎的爱猫丘比特·拉格斐。

② 克里斯托弗·司马特（1722—1771），英国诗人，因其拉丁诗歌而著名。最著名的片断是描写司马特聪明伶俐的小猫吉奥弗里，它是他幽禁岁月里唯一的伙伴，“由于我拥有一只小猫，美丽非凡，从它那里我才有机会赞美全能的上帝”。吉奥弗里，犹如其他生灵的存在一样，是对造物主的无限赞美。

出镜喵星人：张小北

注意到了吗？小北没有左臂，而我最早见到她并带她去做绝育手术时其左臂还是好好的（小北作为一只流浪猫已绝育的右侧耳标犹清晰可见）。据说惨剧是这样发生的：寒冬腊月，风雪交加，快冻僵了的小北忍不住跑进了北边一家部队干休所的传达室取暖，进屋后居然胆大包天地跳上了一张转椅，并且还不知好歹地抓挠了好几下，值班员轰她不走，一怒之下掰断了她的左臂！让你再抓！让你再抓！当我再次见到小北时，她的左臂已只剩下一段齐刷刷的断臂残根……

直至今日，小北仍胆小怕人。但她又是一个乖得让人心疼、美得闭月羞花的喵星人。又脏又瘦的她渐渐变得雪白丰美，一双美目倒映着蓝天碧海的隐隐光芒。不像右腿高位截肢后仍跑得飞快的Lucky99，也不像双臂残疾只能匍匐前进的大宝，小北以单手着地蹦跳行进，倘用慢镜头看过去的话，仿佛是在审慎地跳着某种慢速现代舞……

听说当年那个行凶的门卫早就因行为不端而被解雇了，正可谓加减乘除上有苍穹。

四　与猫咪一起生活后，渐渐变得有些像猫了

和猫咪一起生活后，渐渐变得和猫咪有点像了。走路时，不怎么发出声音；慢慢地变懒了，不喜欢集体活动了，也不喜欢特意向谁表达自己的忠心；没事的时候，喜欢打盹；什么事情都尽量往乐观的方面考虑。

和猫咪一起生活的人有一种特权，那就是可以体验一下，把自己的爱毫无保留地奉献给“肯定不听自己话的猫咪”，并且不求回报。这在人们的日常生活中是很难做到的。

——［日］向田邦子《万能读物》

它们抱怨但从不／担忧／它们的步伐带着令人惊异的尊贵／它们的睡眠含有一种直接的单纯／那是人类无论如何都无法／理解的东西……他们的眼睛比／我们的眼睛更美丽／它们能睡上二十小时／每天／不会有丝毫／犹豫或／懊悔／当我感到／低落／我只需／看着我的猫儿们／然后我的／勇气自会／回来／我端详这些／小生命／它们是我的／老师。

——［美］查尔斯·布考斯基《关于猫——布考斯基诗文集》

而宠物的情绪从来不会如此善变。它们总是陪在桑迪身边，是她可以信赖、可以吐露心事的密友。桑迪可以对它们耳语她的秘密，然后它们就会以沉默发誓自己会信守诺言。它们同桑迪分享快乐的时光，舔去她悲伤的眼泪，用舌头安抚她摔破的膝盖，给她拥抱，赶走她的孤独感。动物成了桑迪最重要的感情倾诉对象。不论一天中发生了什么事，她都会倾诉给她的好朋友。

——［美］尼克·特劳特《爱是最好的良药》

出镜喵星人：张玲珑 Amy

众所周知，村上春树偏爱高龄母猫，这多半缘于她们阅尽世事后所葆有的那份与世无争、和煦良善。Amy 美玲珑是张家少数在被收养之前当过妈妈的母猫，身上散发着浓浓的母性光辉。2007 年盛夏，她和她那五个尚未睁眼的奶娃儿被主人扔到了大雨滂沱中的京西玲珑公园。玲珑塔（原名“慈寿寺塔”）下幸获救，断奶后，孩子们陆续被人领养，这个没人要的乖妈妈被我带回了家。如今，这只十五岁的老母猫依然是我的贴身小棉袄和同眠同起的小老伴儿。一拥她入怀、一给她挠头，享受和道谢的小呼噜立即响起，持续时间之长堪称张家喵星人之首，正如其亲人和懂事的程度。

五 亡却花奴似子同，三年伴我寂寥中

亡却花奴似子同，三年伴我寂寥中。有棺葬在青山脚，犹欠镌碑树汝功。

——［宋］释云岫[①]《悼猫儿》

一般情况下，猫的死亡对于大多数男人来说并不意味着什么。但是对我来说，那只死去的猫如同我的小兄弟。他从不对我说谎，有时睡在我的手掌上，毛茸茸的头垂下来；有时它只是绕在我的手腕上如同一个小毯子，我就那么举着他，当他长大了，我还是可以这样举着他，只不过换成双手或者臂膀。在我离开纽约前我吻他，让他等我回来。妈妈却在我离开后写信告诉我，他已经死了……

——［美］杰克·凯鲁亚克[②]

这个家，几乎不能承受 / 有关它小脸的任何印记 / 随着它远赴幽冥 / 它的一切都变得意味深长。

——［英］托马斯·哈代[③]《对一位不会说话的朋友的最后致辞》（1904）

① 释云岫，宋代诗僧。

② 杰克·凯鲁亚克（1922—1969），美国“垮掉的一代”的代表人物，主要作品有《在路上》《达摩流浪者》《荒凉天使》《孤独旅者》等，以离经叛道、惊世骇俗的生活方式与文学主张震撼了二十世纪五六十年代美国主流文化的价值观与社会观。

③ 托马斯·哈代（1840—1928），英国诗人、小说家。他是横跨两个世纪的作家，早中期以小说为主，继承和发扬了维多利亚时代的文学传统；晚年以其出色的诗歌开拓了英国二十世纪的文学。代表作有《韦塞克斯诗集》《德伯家的苔丝》等，曾获英国文学成就奖。

出镜喵星人：张小花（张丹摄、Rosa Close 制作）

小花儿的意外夭折痛煞我也，宋诗《悼猫儿》道出了我的心声……在寄往天堂给花儿的信中我最后写道："花儿啊，其他天使若问起，你一定要记得告诉大家你是张家的孩子，全名叫'幸福像花儿一样'啊！"美国友人 Rosa Close（咪莎动物救助基金会、反皮草协会、中国动物之友协会发起人）闻讯及时发来此图，甚慰我心。后来她与著名画家艾莉卡·席尔瓦合著了一本童书绘本《小狐狸救衣记》，由我译为中文。与一般出版物不同，Rosa 欢迎人们免费印刷出版此书，让更多人了解皮草的真相，做一个零残忍的消费者，切莫滥用和透支自己的福报。一件皮草，千针万痛。动物的尸皮上身，人类的良知涂地。皮草不是时尚，美丽拒绝血腥。

六　我简直像是失掉了一个好友，一个亲人

我嗒然若丧，心头仿佛被挖掉了点儿什么。“屋前屋后搜之遍，几处茫茫皆不见。”从此我就失掉了咪咪，它从我的生命中消逝了，永远永远地消逝了。我简直像是失掉了一个好友，一个亲人。至今回想起来，我内心里还颤抖不止……

我这样一个走遍天涯海角饱经沧桑的垂暮之年的老人，竟为这样一只小猫而失魂落魄。对别人来说，可能难以解释，但对我自己来说，却是很容易解释的。

——季羡林《老猫》

且我听说，猫不肯死在家里，自知临命终了，必远行至无人处，然后辞世。故此说更觉可靠。我觉得这点“猫性”，颇可赞美。这有壮士风，不愿死户牖下儿女之手中，而情愿战死沙场，马革裹尸。这又有高士风，不愿病死在床上，而情愿遁迹深山，不知所终。

——丰子恺《白象》

所以亲爱的朋友，出于爱，请用智慧和我告别，让我带着尊严踏上旅程，珍惜我们共度的每个季节——因为它们是永恒的。第一，尊重它的愿望；第二，如果你足够爱它就让它走；第三，最后告别时祝它有段美丽的旅程。

——［法］弗雷德里克·维杜

动物没有对于死亡的恐惧。它们理解并且期待生命的自然节奏，也包括自己的死亡。

一切都永远存在。没有“死亡”这回事。没有那种存在的状态。那个永恒的生命仅仅是将自己塑造成新的形态——新的物质形态。那个形态将永远被鲜活的能量充满，那是生命的能量，永远都是。

——［法］尼尔·唐纳德·沃尔什（美国畅销书作家）

出镜喵星人：张灵灵（左）、张憨宝（右）

自2003年"非典"期间作为我收养的第一只猫咪被带回张家后，灵灵安享"独生女"尊荣近三年时光。她不仅听得懂自己的名字，而且知道自己长得美。一身洁白柔顺的细绒长毛，头上"戴着一顶漂亮的小黑帽"（美国友人David Stipp语），后背右上和左下部位各有一片黑色的叶子，竖起来的大尾巴更像是一朵绽放的黑菊花，迈起猫步来仪态万方、神气十足。用一生爱猫的冰心老人的话说，奶牛猫灵灵的毛色又名"鞭打绣球""拖枪挂印"。还发生过一起"灵灵吞针惊魂记"的意外事故：一天，我找出针线盒来缝扣子，灵灵在一旁专心致志地观摩。只一转眼，缝衣针不见了！X光片显示缝衣针被她吞进了肚里！万幸的是针鼻儿冲里针尖冲外，没有刺破内脏器官，实乃不幸中之万幸！第五天上午，我终于在她的尼尼里发现了那根已经开始生锈的针，如获至宝，有惊无险，谢天谢地！

2006年初，憨宝、小扣子、黎黎、妞妞等"非典"中被人遗弃到David来京收养中国孤女时下榻的竹园宾馆，我收养了狸花猫憨宝一家四口，灵灵成了猫中的"少数民族"，落落寡欢。经妈妈我的思想政治工作与朝夕相处，原住民奶牛猫灵灵终与狸花猫憨宝成为至交。

七　人与异类更为宽广、独立、亲密、隐形的爱

我是从两个埋猫的人与事中体会了他们与猫、与动物的感情。人，作为个体生命，很大程度上是孤独的，他们和动物也许能建立起比人与人的关系更持久、更隐蔽也更亲密的关系。我们平常看不见这种关系，在猫去世的时候，我看见了。埋猫人埋去的也许是他们自己生命与情感的一部分，所以他们悲伤。在人与人的爱之外，我通过埋猫人，又看到了人与异类更为宽广的爱，更为独立、亲密、隐形的爱。

——邱华栋[①]《埋猫人》

它到我家时，我刚获得博士学位，之后又成为副教授、教授、博导、国家级优秀名师。妻从医生转到行政，从区卫生局副局长、区人大副主任、副区长，再到市政协副主席。不久前，妻刚退下政协副主席，原以为还有猫做伴，但猫却走了，呜呼！谨借此文纪念，也呼吁社会：众生皆有灵性，善待动物吧！

——詹希美[②]《怀念一只陪伴了 23 年的家猫》

对于下一只猫咪倾注自己的爱就是对去世的猫咪的最好的安慰和怀念。

——［日］长田弘[③]《猫咪没有未来》

① 邱华栋，1969 年生，作家、诗人、评论家，中国作家协会书记处书记。著有《白昼的喘息》《正午的供词》等作品，曾获多项文学奖。

② 詹希美，1945 年生，中山大学中山医学院寄生虫学教授、博士生导师、教学督导专家，广东省动物学会副理事长，第四届“高等学校教学名师奖”获得者。

③ 长田弘，1939 年生，日本作家、诗人，代表作有《天空的绘本》《森林的绘本》等。

出镜喵星人：张金豆

小金豆还没进张家门就被我送到医院紧急手术——她的肠子像两根涂满污血的肉柱子似的挂在体外，奄奄一息，小命危矣！从鬼门关活过来的小金豆术后喜欢在那个被医护人员称为“小太阳”的暖灯前乖乖坐着，等我这个“新妈妈”每天去看她、抱她、亲她。术后回家给她穿上这件小红衣保暖——她腹部的毛毛因手术而被剃光光了。大小朋友都喜欢这个亲猫亲人的小妹妹，当然，她最喜欢的还是被我抱在怀里用喵星语和地球语说悄悄话。她奶声奶气的喵言喵语和我们之间的互动应答被录音机保存了下来。世事难料，半年后她还是去了，一个在世界上只发光了六个月的小太阳……

“你静静地居住在我的心里，犹如满月居于夜空”，泰戈尔的诗句道出了我的心声。

八 对我来说你们永远是不可替代的啊！

我的猫会以独特的方式表达对其男女主人的爱。猫给我的只有快乐，没有烦恼。

——［英］威廉·斯蒂克利[①]

我确定在猫语中，有二十多种不同的变调，它们说的真的可以称得上是一门语言，因为它们总是用同一个音籁表达同一个意思。

——［法］加利亚[②]

在我与猫相知、一辈子与猫共处的岁月中，最终沉淀在我心中的，却是一种幽幽的哀伤，那跟人类所引起的感伤并不一样。

——［英］多丽丝·莱辛《特别的猫》

世界上有多少只猫？几千万只？几亿只？然而对我来说，你们永远是不可替代的啊！

——［日］东良美季《猫的上帝》

如果没有我的猫咪等我的话，什么样的天国都不是天国。

——［韩］尹暻领[③]《猫咪满屋——关于与猫同居的一切》

---

① 威廉·斯蒂克利，与近代物理学之父牛顿同时代的英国文物专家、考古学家，著有关于这位英国最伟大科学家的第一部传记《艾萨克·牛顿爵士的一生传记》。上述文字系其1745年缅怀爱猫时所写，爱之深切使其不忍目睹花园中埋葬小猫之处。

② 加利亚，法国十八世纪传奇神父，启蒙思想家、唯物主义哲学家、作家，百科全书派代表人物德尼·狄德罗之友。

③ 尹暻领，韩国作家、画家。

出镜喵星人：张小顺、张月月、张花儿、张斑斑

英国科学家霍华德·洛克斯顿说，在猫与主人所维持的平衡关系中，猫过上了有保证的安全而健康的生活，主人也获得了一个迷人可爱的猫科动物朋友与最佳伴侣，两者之间的关系牢不可破，人与猫都从这种关系中获益良多。然而，猫生苦短，不管我们何时失去、怎样失去，他们和我们在一起的时光都如此短暂。

面对必将到来的离别，除将共度的美好岁月珍藏于心上、把对他们的爱传递给下一只急需救助的喵星人外，兽医尼克·特劳特还观察到，虽然具有顽强的求生欲，但从未发现过哪只小狗或者小猫怕死，那么，我们不知道的东西有哪些他们是知道的呢？为什么唯独我们人类怕死呢？

九　天堂是你应去的归宿

此刻，我恨不得死去！马尼，你是知道的，你知道我为何如此狂乱，不是因为丢了珠宝、金币、钱袋，那是为何？只为三天前，我失去了我的宝贝，我的开心果，我的爱！哦！回忆让我痛苦！无论是诉说还是动笔，都不忍提及，这些都让我痛不欲生；伯劳德，你是我的小灰猫，你是大自然少有的杰作！伯劳德，消灭了那些老鼠的你，如此英姿飒爽的你，永远活在我的心中！

——［法］杜・贝莱①《一只猫的墓志铭》

直到一天，它陷入了一场最深的梦境，再也没有醒过来。一团美丽的生命之火就此熄灭。直到离去，它都是那么独立，静静悄悄地离开这个世界，没有刻意渲染，没有戏剧化的道别。

因为你，我走进了猫的内心世界。作为人与猫之间的使者，没有人 / 猫比你更棒，天堂是你应去的归宿。我怀着深深的敬意，向你致谢。

——［法］弗雷德里克・维杜怀念走进其生命中的第一只爱猫莫谢特

动物是我们的家人，值得我们以爱和尊重对待它们，就像对待其他家人般，它们对人类和动物都用情至深。动物为我们带来无数欢乐笑声，它们是我们最亲爱的家人和最好的朋友，因此，很多人在心爱的动物去世时，都难以承受锥心之痛。

——［美］卡罗・葛尼《动物的语言：与动物沟通的七个步骤》

---

① 杜・贝莱（1522—1560），法国文艺复兴时期诗人，七星诗社成员（《村戏集》1558）。在经历了数世纪对猫的迫害之后，这篇墓志铭成为第一首猫咪的颂歌。诗中的“伯劳德”是一只灰白色的猫，由诗人于 1556 年收养。当时其叔父让・杜・贝莱是罗马的红衣主教，诗人在其身旁担任秘书一职。

出镜喵星人：张美美

两个多月大的小流浪猫一只爪子卡进了窨井盖，险些折断，紧急施救成功。进入张家猫窝后原以为她惊魂未定，身心完全康复需假以时日，孰料当晚她就堂而皇之地登床上枕钻被，整晚小呼噜打得山响，同时不停地各种撒娇求抱，四处流浪求生的既往梦魇似因其迅速转换了喵生频道而被遗忘殆尽。然后，就像马逢华先生的诗所描绘的，小美美就像一只小帆船，一朵花，一注水，一个小姑娘，一个大家闺秀，一个谜……给张家喵星人与地球人俱乐部的猫与人带来了活力满满的无数惊喜。有家的孩子都萌，有人爱的孩子都美。

“一千次／我读到分别的语言／一百次／我看到分别的画面／然而，今天／是我们——／我和你，要跨过／这古老的门槛／不要祝福，不要再见／那些都像表演／最好是沉默／隐藏总不算欺骗／把回想留给未来吧／就像把梦留给夜／把泪留给海／把风留给夜海上的帆”——谨以顾城赠别诗一首祈愿小美美回归喵星球之旅一路平安……

图书在版编目（CIP）数据

幸福人生猫相伴 / 张丹编著 .-- 北京：海豚出版社，2024.3

ISBN 978-7-5110-6771-5

Ⅰ.①幸…　Ⅱ.①张…　Ⅲ.①散文集—中国—当代
Ⅳ.①I267

中国国家版本馆 CIP 数据核字 (2024) 第 039463 号

幸福人生猫相伴

张丹　编著

出 版 人：王　磊
策　　划：胡　琴
责任编辑：孙兴冉　朱敬利
封面设计：肖　勇
排　　版：九章文化
责任印制：蔡　丽
法律顾问：中咨律师事务所　殷斌律师

出　　版：海豚出版社
地　　址：北京市西城区百万庄大街 24 号　　邮　　编：100037
电　　话：010-68325006（销售）010-68996147（总编室）
印　　刷：北京联兴盛业印刷股份有限公司
经　　销：新华书店及网络书店
开　　本：24 开（889 毫米 ×1194 毫米）
印　　张：9
字　　数：147 千
版　　次：2024 年 3 月第 1 版　2024 年 3 月第 1 次印刷
标准书号：ISBN 978-7-5110-6771-5
定　　价：68.00 元